逃出狼人村

日本斯凯普公司 [日]鹿野康二◎著　夏冬莹◎译

北京科学技术出版社

考古学家哈里·卡沙萨的来信

侦探先生：

请原谅我冒昧来信。

我叫哈里·卡沙萨，是个名不见经传的考古学家。我通过您的一个朋友得到了您的地址。

我现在在波多卢奇地区西北部的乌克梅尔村。这个村子被人们称作“天空孤岛”，想必您也有所耳闻。

我来到这个位于边境的村子，是为了研究曾经居住在这里的女巫，了解她们的真实身份和村子的秘史。

没曾想，我在那里看到了令人毛骨悚然的女巫预言。预言说，这个村子里将出现可怕的狼人，那狼人白天化为人形隐藏真实身份，到了夜晚则变成可怕的恶狼袭击村民。

随后，这个预言仿佛应验了一般，我亲眼看到了在黑暗中窥探村子的狼人！

我对村民逐一进行了调查。在我目击狼人的那段时间，只有16个人无论如何都无法证明自己不在场。狼人必定在这16个人之中。随信附上嫌疑人名单和乌克梅尔村的地图，以及绘有女巫肖像的书签。这些东西您或许都用得上。

听闻您是远近闻名的侦探，希望您伸出援手，阻止恐怖事件发生。

请允许我冒昧地提醒您，您的对手是来路不明的狼人，想必常规搜查手段完全派不上用场。

我在莉莉丝大街为您预订了 5 月 10 日入住的旅店。即使您清晨从家中出发，到达乌克梅尔村的时间也应该是深夜了，我们就于 5 月 11 日早上 10 点，在绵羊树桩餐厅碰面吧。

哈里 · 卡沙萨

Harry Cachaca

嫌疑人名单

嫌疑人	性别
安娜 · 卡尔巴多斯（Anna Calbados）	女
凯列 · 鲁姆（Cherie Rum）	女
埃德加 · 罗斯（Edgar Rose）	男
埃尔希 · 拉基亚（Elsie Rakia）	女
费利克斯 · 科恩（Felix Korn）	男
弗里茨 · 基尔希（Fritz Kirsch）	男
詹姆斯 · 梅斯卡（James Mezca）	男
杰瑞 · 乌佐（Jarry Ouzo）	男
玛尔戈 · 佩里（Margo Perry）	女
玛丽 · 库米思（Marie Kmis）	女
米歇尔 · 皮斯科（Michelle Pisco）	女
内莫 · 格拉帕（Nemo Grappa）	男
帕斯卡 · 阿尔马尼（Pascal Armani）	男
帕特菲 · 金（Pataphy Gin）	男
波利娜 · 阿拉克（Pauline Arak）	女
托马斯 · 科尼亚克（Thomas Cognac）	男

右手中指戴戒指　　穿 27 码的鞋　　有胡子

N
达拉尼钟楼
170
波利娜的家
180
库丹大街
尤弥尔大街
科尼亚克宅邸
130
梅斯卡修理店
140
金氏珠宝
160
诺克大街
魔犬大街
选美大赛会场
皮斯汉德大街
尼约德桥
月之丘
110
海德伦大街
村长家
60
教堂
100
尼兹霍格桥
诺姆大街
乌克梅尔图书馆
30
安祖大街
罗菲桥

乌克梅尔村地图
马尾大街
基里姆大街
角笛咖啡馆
200
梅尔格池塘
260
被遗忘的神殿
佩里顿大街
杰瑞研究所
250
幽威大街
幽威大街
粉色云朵鞋店
280
乌克梅尔广场
阿拉克涅斯大街
星空花店
320
凯特西大街
贝亚德大街
猫与猫头鹰旅店
300
绵羊树桩餐厅
360
马车总站
350
侦探的住所
莉莉丝大街
巴罗梅大街

引子

在前往乌克梅尔村的马车里，你再次展开了这封神秘的信。

收到这封信的时间是 3 天前。

把信放在马车车厢的小桌上，你让身体陷入柔软的座椅里，双手十指交叉，放在胸前。你抬头看着车顶，闭上了双眼。这个自称考古学家的人真的认为狼人这种传说中的怪物存在？

所谓狼人，就是白天化为人形隐藏真实身份，到了夜晚变成可怕的恶狼袭击人类的怪物。

事情发生在人称“天空孤岛”的乌克梅尔村。这是一座公元前 6 世纪左右由神秘的古代氏族在凝灰岩断崖上建起来的小村庄。

虽然你住的城镇和奥尔维亚镇之间有蒸汽火车通行，但从奥尔维亚镇到乌克梅尔村还要坐 3 小时马车。正如考古学家在信里写的那样，到达乌克梅尔村无论如何都要到深夜了。

手中的信像个恶作剧，却又让人无法置之不理。

狼人还没有袭击村民。你无法压抑心中的好奇，飞速搭乘了一大早的火车。

奔波了一整天后，马车停在了乌克梅尔桥前。

这座狭长的吊桥是进村的唯一通道。你付完路费后下了马车。马儿嘶鸣一声后，马车便沿着来时的道路扬长而去。

天黑了，还下雨了。你匆匆忙忙地走上吊桥，怀表的指针正好指向9点。

周围一片漆黑，你只能看见遥远的对岸煤油灯朦朦胧胧的亮光。黑暗中你看不到河面，摇曳的吊桥仿佛成了一条通往异界的道路。

在桥上，不知被什么钩到，怀表的表链断了。

“真不吉利啊……算了，抓紧时间赶路吧。”

过了桥，面前出现了一扇大门，它仿佛怪物张着的大嘴巴。

“这里就是乌克梅尔村吧？”

雨下得更大了。

夜晚的莉莉丝大街十分冷清，在去旅店的路上，只有一个人和你擦肩而过，匆匆奔向乌克梅尔桥。

“位于莉莉丝大街的旅店……就是这里了。”

你很快找到了信中写的旅店。旅店由黄褐色砖块砌成，看上去有些破旧。玄关处散发着一股霉味。玄关的左边是食堂，但里面似乎连一张能坐的椅子都没有。

虽然对于那封信是不是个恶作剧仍旧将信将疑，但你还是一边脱下被雨水打湿的外套，一边向前台的女服务员报上了姓名。

“一路长途跋涉，您辛苦了。请跟我来。”

服务员带你去的房间里只有一张破破烂烂的床、一个衣柜、一个衣帽架和一张用橡木制成的小桌子。

旅途劳累，你将外套和帽子挂到衣帽架上后便倒在床上，沉沉睡去。

目 录

角色介绍

本书中的故事是以“狼人杀”游戏为基础编写的。在“狼人杀”游戏中，玩家可以扮演各种各样的角色，在防止自己暴露的同时，找出他人扮演的角色。本书中，右边列举的几种角色也会出现，你需要在游戏进行的过程中推断人物的角色。注意：同一人物不会同时扮演 2 种角色。

狼人 白天化为人形，夜晚变成恶狼袭击村民。

怪盗 不会袭击村民，但会偷东西。

狂人 假女巫，会发布虚假预言。

女巫 每天可以对 1 个村民进行占卜，以判断此人是人类还是狼人。

关于本书

欢迎来到乌克梅尔村。

你是一名侦破了诸多案件的名侦探。

受考古学家哈里·卡沙萨的委托，为了解开狼人之谜，你来到了这里。

首先，你要参考报纸上的新闻和地图，搜查村里的各个角落，和各种各样的人见面，与他们交谈并收集线索，你得到的线索和袭击村民的狼人的真实身份相关。你的目标是从 16 个嫌疑人中找出真正的狼人。

在搜查的过程中，你可能会遇到必须解开谜题才能继续前进的情况。另外，你可能会在中途遭遇狼人的袭击。前路充满艰难险阻，但还是请你坚持下去，搜查所有地点，整理得到的所有信息。搜查时，请务必注意安全！

期待你的表现！

游戏的必备道具

为了让游戏顺利进行，你需要用到右侧列出的基本道具。

在游戏开始之前，请确认书中附件是否齐全。另外，这些附件在游戏进行时缺一不可，请务必妥善保管。

需准备的道具

书写用品

用于在搜查页记录线索。建议使用铅笔以便反复修改。

计算器

便于在游戏中进行计算。

笔记用纸

用于记录线索。

本书的构成

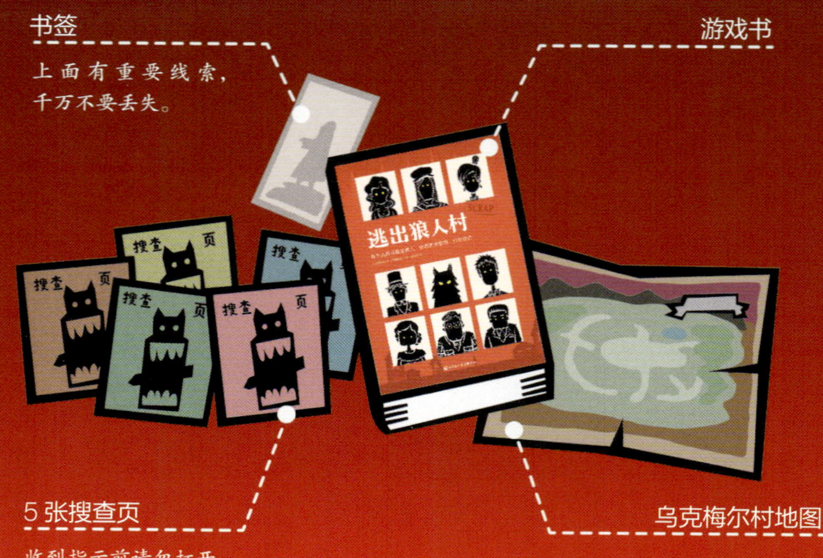

书签

上面有重要线索，千万不要丢失。

游戏书

5 张搜查页

收到指示前请勿打开。

乌克梅尔村地图

游戏规则

为了揭露狼人村的所有秘密，你需要遵守以下规则。请在游戏开始前熟读这些规则。

去下一节的方法

每小节前都有编号。根据小节后的指示，你可以移动到指定编号的小节。重复这一步骤，你就能读到后面的故事。如果没有得到进一步的指示，你可以阅读地图上其他地点的编号对应的小节。

例 阅读《巨人和孔雀》 → 前往 40
——阅读第 40 节

40 ↰346
《巨人和孔雀》
巨人阿尔戈斯身上长着i

读完本书开头的信件和引子后，请从第 01 节开始游戏。

回上一节的方法

某些小节的编号后标有“↰”符号。“↰”符号后的数字为上一节的编号。你如果想回到之前阅读过的小节，参照“↰”符号后的数字即可。

例 ↰90 ——上一节为第 90 节

乌克梅尔美术馆
80
→ 地点
→ 地点编号

报纸和地图的使用方法

游戏过程中，除了搜查页，你还需要用到书签、报纸（搜查页背面）和地图等。在 5 天的时间里，请于每天早晨阅读报纸，然后去搜查那些看起来和事件有关联的地点。地图上地点的编号与小节的编号相对应，因此，要想前往某个地点，找到相应编号的小节即可。

例 你想去乌克梅尔美术馆（地点编号为 80）
—— 阅读第 80 节

搜查页

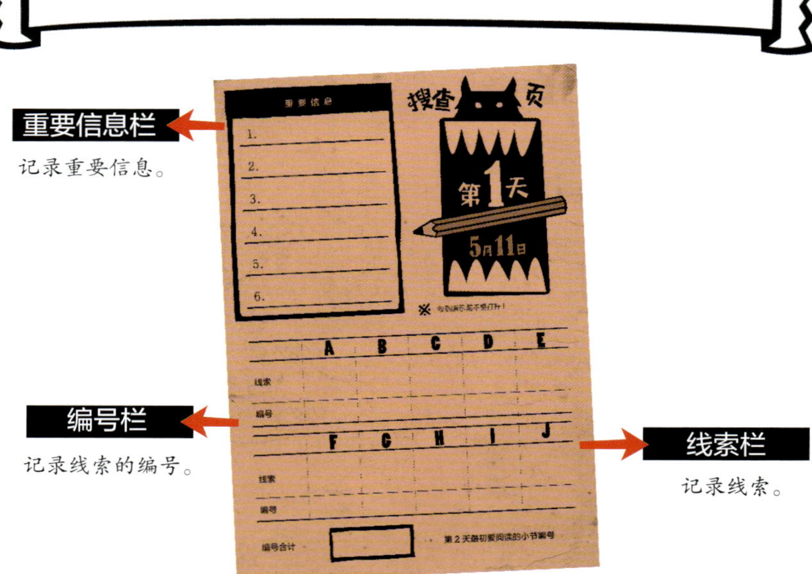

此外，从第 2 天开始，地图上的地点编号会发生变化。请按照当天的指示进行搜查。

搜查页的使用方法

本书中，“搜查页”用于记录搜查过程中获取的各种信息。随着搜查的逐步展开，你会得到“线索”“编号”以及“重要信息”。将这些都记录在搜查页上，对进一步的搜查很有帮助。

线索的使用方法

在小节后的指示中，如果出现“调查线索 ×”，请将线索的编号与该小节的编号相加，并前往两者相加后得到的数字对应的小节。

例 调查线索 A → 前往“50+ 线索 A 的编号”
——假设线索 A 的编号为 20, 则前往第“50+20=70”节

此外，你可能会遇到需要同时调查数条线索的特殊情况。此时，请按照具体的指示进行调查。

如果在某小节没有找到线索，或未能解开谜题，无法进入下一小节，可以先将该小节的编号记下来，去其他地点进行搜查，获得相关线索后再回到这一小节。

搜查页上的时间

故事发生在 5 月 11 日 ~5 月 15 日这 5 天里，每一天都需使用不同的搜查页。请准备好第 1 天的搜查页再开始游戏。

另外，将搜查页上的编号栏填满后，即可开始后面一天的搜查。搜查页上，每一天所有的线索编号相加得到的数字就是后面一天首先应阅读的小节的编号。

例 第 1 天编号栏中的 10 条线索的编号相加得到的数字为 386
——第 2 天首先应阅读第 386 节

关于谜题

书中设置了若干不解开谜题就无法前进的场景。如果谜题难度较高，请仔细检查书中的每一个角落来寻找提示。如果百思不得其解，可以翻开解谜手册，阅读提示和答案。

故事的结局

书中没有故事的结局。你读完所有小节、锁定狼人的身份后，可以翻开解谜手册，验证自己的猜想。若正确锁定狼人，你将看到故事的结局。

嫌疑人简介

安娜 · 卡尔巴多斯

Anna Calbados

 性别 女  年龄 19  职业 咖啡馆服务员

佩里顿大街角笛咖啡馆的服务员。她性格爽朗，待人亲切，长相甜美，被誉为村里的第一美人。她非常擅长做料理，做甜品的手艺无人能及。

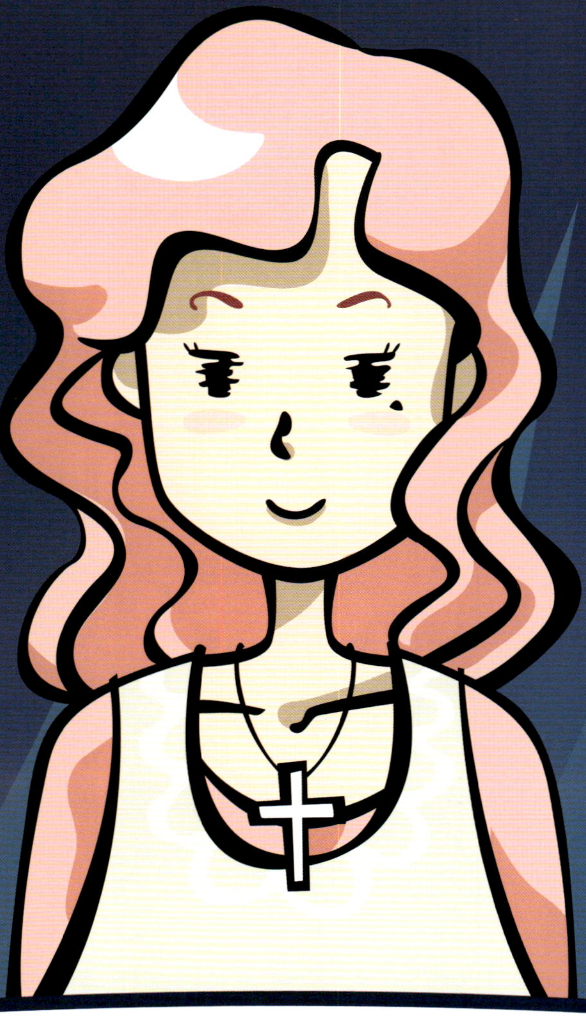

凯列 · 鲁姆

Cherie Rum

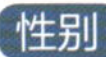

性别 女　年龄 20　职业 花店店员

星空花店的店员。她文静又谦逊，凭借温柔的言谈举止和灿烂的笑容赢得村里男女老少的喜爱。她是一位虔诚的教徒，人们周日经常看到她去教堂。

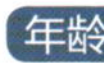

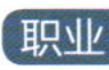

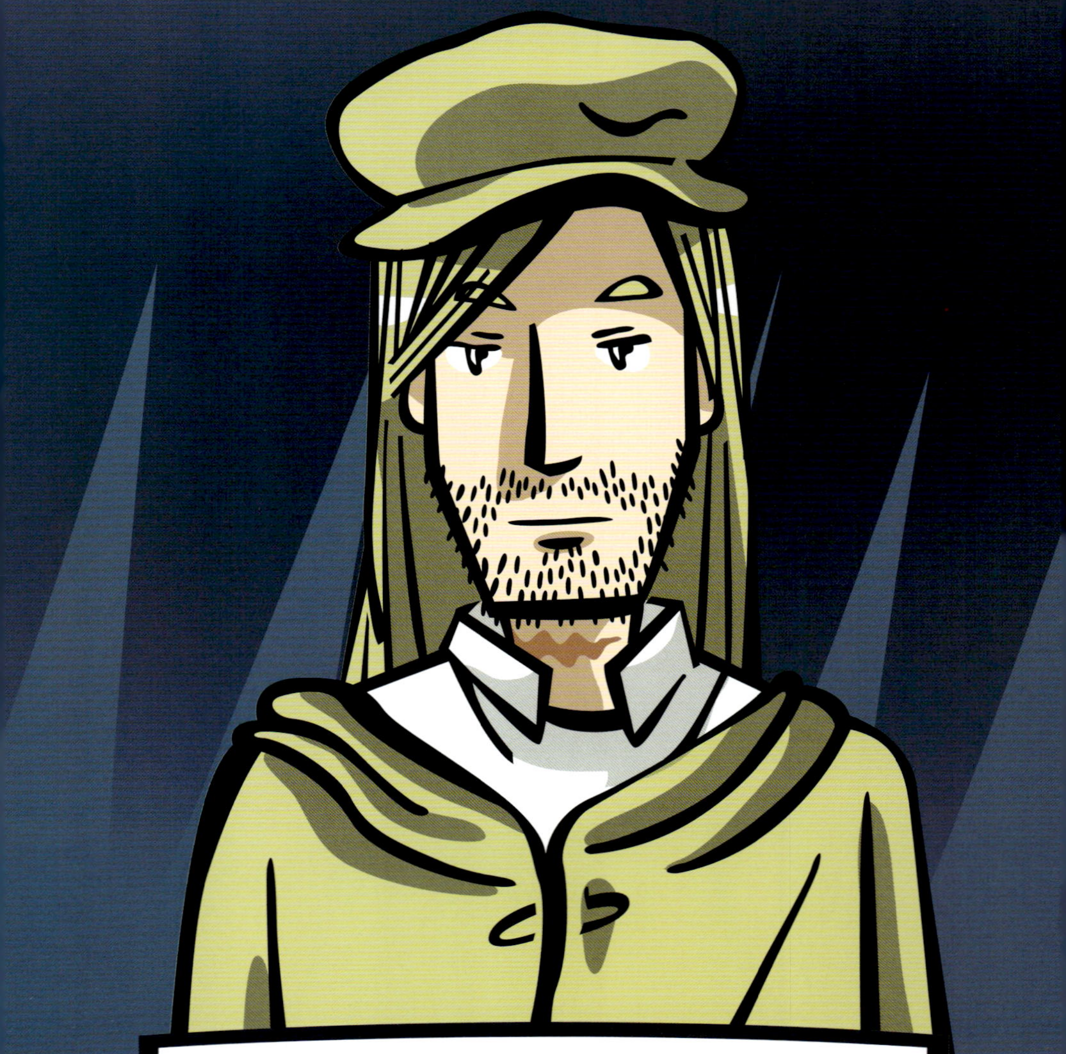

埃德加 · 罗斯

Edgar Rose

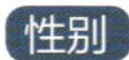

性别 男 年龄 27 职业 旅行家

浪迹天涯的旅行家。他在旅行途中经过乌克梅尔村，从 5 月 4 日起住在猫与猫头鹰旅店的二楼。他衣着朴素，不爱打扮，给人一种落魄的印象。

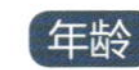

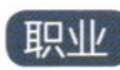

埃尔希 · 拉基亚

Elsie Rakia

性别 女 年龄 64 职业 图书管理员

乌克梅尔图书馆的图书管理员。她虽然如少女般天真烂漫，但对待工作一丝不苟，对图书的借阅期限把控得十分严格。她对古书和村庄历史都十分了解。

费利克斯·科恩

Felix Korn

性别 男　年龄 24　职业 餐厅厨师

乌克梅尔村有名的年轻厨师。他最近成为拥有 150 年历史的老字号餐厅——绵羊树桩餐厅的厨师长候选人。他为人亲切又有礼貌，所制作的土豆饼是一绝。

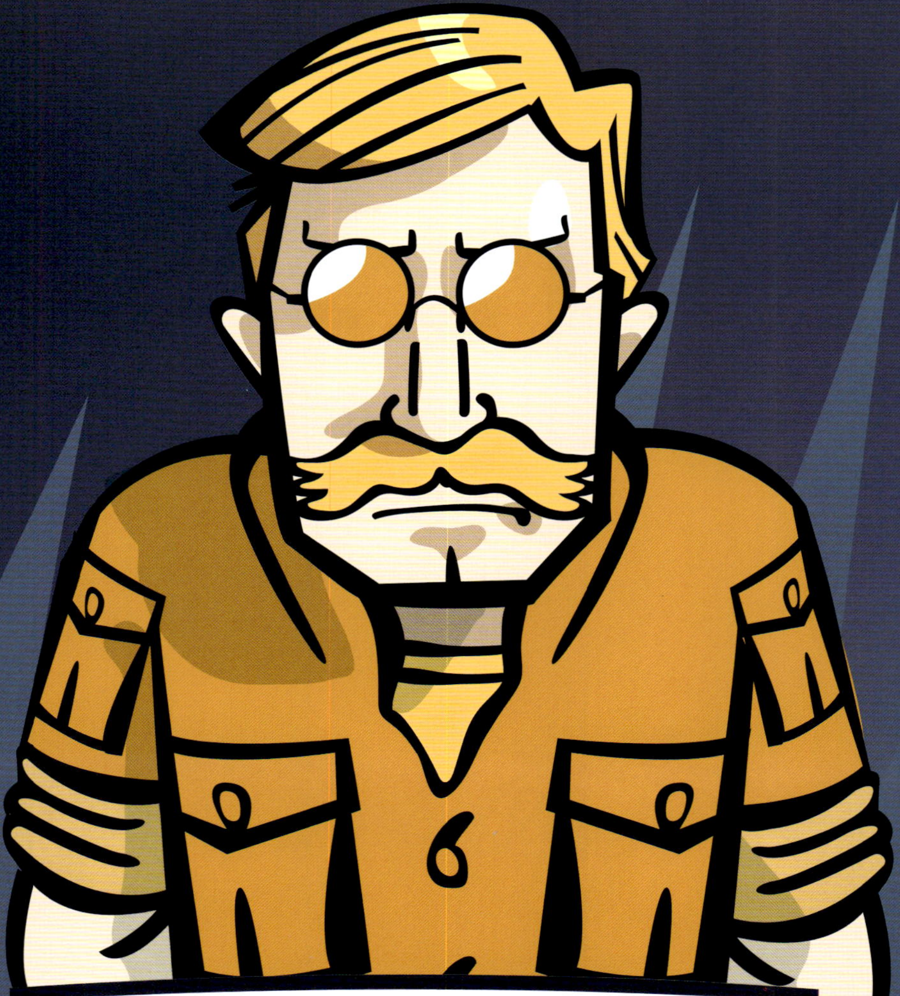

弗里茨 · 基尔希

Fritz Kirsch

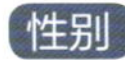

性别 男　年龄 61　职业 钟楼管理员

达拉尼钟楼的管理员。他寡言少语且固执己见。由于 40 多年来对工作始终兢兢业业，他深受村民信赖，但他不善交际。

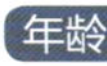

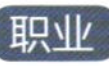

詹姆斯 · 梅斯卡

James Mezca

性别 男　年龄 38　职业 修理工

技术高超的修理工。和妻子尤玛在诺克大街经营着一家修理店。正如他自夸的“没有我修不好的东西”那样，他十分擅长修理东西。他具有领导型人格，为人处事八面玲珑，是村里青年团的团长。

杰瑞 · 乌佐

Jarry Ouzo

性别 男　年龄 47　职业 研究员

潜心研究新发明的研究员。他整天都待在研究所里，所以人们不常在外面碰到他，但他偶尔会到广场上做一些稀奇古怪的实验。他给人一种软弱的印象。

玛尔戈·佩里

Margo Perry

性别 女　年龄 43　职业 旅店老板娘

乐于照顾人的老板娘。凭一己之力经营位于莉莉丝大街的猫与猫头鹰旅店。她性格开朗，乐观向上，她的旅店常常获得“宾至如归”的好评。

玛丽 · 库米思

Marie Kmis

性别 女　年龄 22　职业 杂技演员

马戏团的杂技演员。她本应在波多卢奇地区随团巡演，但她私自离开马戏团，从 5 月 3 日起住在猫与猫头鹰旅店的一楼，这段时间在乌克梅尔村观光。她有旺盛的好奇心和很强的行动力。

米歇尔 · 皮斯科

Michelle Pisco

性别 女　年龄 25　职业 鞋店店员

粉色云朵鞋店的店员。她平时基本上都无精打采地待在鞋店里。工作之余，她喜欢去角笛咖啡馆喝下午茶，或去梅尔格池塘附近散步。

内莫 · 格拉帕

Nemo Grappa

性别 男　年龄 70　职业 村长

我行我素、令人难以琢磨的村长。他虽长年担任村长，却从不摆架子，因而受到村民的爱戴。他最近正忙于筹备四年一度的乌克梅尔村选美大赛。

帕斯卡·阿尔马尼

Pascal Armani

性别 男　年龄 26　职业 马车夫

驾车在村里四处奔走的马车夫。他虽然不太聪慧，但却是个正直、善良的好青年。他的驾车技术十分高超，他驾驶的马车从未迟到或发生过事故。

帕特菲·金

Pataphy Gin

性别 男　年龄 33　职业 珠宝商人

富有的珠宝商，在远离村子中心的皮斯汉德大街经营着一家小小的珠宝店。虽然他鉴定珠宝的水平很高超，但他那难以捉摸、冷漠又瞧不起人的性格令人十分头疼。

波利娜 · 阿拉克

Pauline Arak

性别 女 年龄 32 职业 无业

住在库丹大街，和 3 只狗一起生活的时髦女性。人们在村里遇见她时，她基本上都在遛狗。她虽然没有工作，但时常身着奢华的服装，看起来不像生活拮据的样子。

给教堂及图书馆捐助了大量资金的商人。他对自己拥有众多奇珍异宝和鸟类标本感到扬扬自得。他曾是一名军人，由于家境富裕，他多少有些不知人间疾苦，但是做事干脆而果断。

逃出狼人村

逃出狼人村

01

5 月 11 日。

早晨，微弱的阳光透过窗帘的缝隙，在地板上留下一道浅浅的光线，窗帘随着不时吹来的风微微摇曳。你醒了过来，打着哈欠推开了窗户。

雨已经停了，现在正值春夏之交，天空一片蔚蓝。

旅店前的小路上，行人来来往往。村子西边河水潺湲，低矮的山丘和教堂的屋顶若隐若现。远方的钟楼传来了钟声，早上 7 点了。

“这个村子真美。”

你深吸一口气，感到被风拂过般清爽。

“好了，去喝杯咖啡提提神吧。”

你走出房间，在旅店前台点了一杯咖啡，然后坐在大堂的椅子上，拿起了放在桌上的报纸。

请打开第 1 天的搜查页，阅读搜查页背面的报纸后开始调查。请前往任意一个与地图上的编号对应的小节。

02 ↰167

你穿过大门，走进钟楼。

管理室里，弗里茨和昨天一样，正在看报纸。

“弗里茨先生，您好。”

“怎么又是你？真够闲的！”

询问关于钟楼的信息 → 前往 385

询问关于机械人偶的信息 → 前往 210

询问石板的位置 → 前往 242

03 ↰19

“wink×03……眨三次眼？这指的到底是什么呢？哈里·卡沙萨生前曾经看着这幅画，说过‘觉醒’什么的，难道说……等等，画里怎么有两个女巫，女巫不应该只有一个吗？”

【请在线索 C 处填入“眨三次眼”，并在线索 C 的编号处填入“03”。】

04 ↰173

“拍四次手……这到底指的是什么呢？”

【请在线索 B 处填入“拍四次手”，并在线索 B 的编号处填入“04”。】

05 ↰202

“昨天之前，我都不知道自己居然是女巫的后代。我只知道所有女巫都在 15 世纪的猎巫运动中被处死了。”

06 ↰189

你费了好一番功夫才将所有宝石归位，这时，机械人偶散发出耀眼的光辉。

【请在线索 q 处填入“正确的位置”，并在线索 q 的编号处填入“06”。】

07 ↰357

“波利娜生前一直戴着一枚 A 字形胸针，是因为 A 是她姓氏的首字母吗？”

“A 字形胸针？我好像有印象，前天她到店里来的时候确实戴了一枚那样的胸针，和她一起来的那位瘦瘦的先生也戴着同样的胸针。”

08 ↰324

“凯列小姐，你有什么烦恼？”

听到你的声音后，凯列猛地回过神来，向你打了个招呼。

“啊，侦探先生，你好。不好意思，我刚刚在发呆。我家离月之丘不远，所以今天报纸上提到的昨晚的枪声，我也听到了。最近村子里发生了很多事，我很害怕，就有些走神了。今天要上班，不能去教堂，但是我好想去听一听神父的教诲啊。不知道帕特菲先生去了没有？”

“凯列小姐，你看起来有些疲惫，要不要做一些能让你放松的事情，转换一下心情呢？”

“说得也是。很久没有观星了，要不今晚去观星吧。”

“请你务必小心，最近晚上不太平。”

询问占卜结果 → 前往 312

09 ↰345

“你最近感觉怎么样？”

“说来奇怪，从昨天开始，我驾驶马车的时候总觉得有些不对劲……”

10 ↰86

当画中的文字清晰地呈现时，你茅塞顿开。

“相同的星座……原来如此！世世代代的女巫都是同一个星座的人！只要知道中世纪的女巫的星座，就能知道安娜和凯列究竟谁是真正的女巫后代！”

【请在线索 w 处填入“女巫的星座”，并在线索 w 的编号处填入“10”。】

11 ↰102

礼拜堂里空荡荡的，一个人都没有。里面一片寂静，只有你的脚步声回荡着。和昨天相比，礼拜堂似乎没有任何变化。

12 ↰250

研究所内部就像一座迷宫。杰瑞研究员迈着轻快的步伐，带你来到了一间只亮着两盏煤油灯的昏暗的起居室，示意你坐到皮沙发上。

杰瑞坐在对面的摇椅上，神态扭扭捏捏，双手摩擦着掌心。

“所以，你是想问有关案件的事情？”

“是的，最近你遇到过什么奇怪的事情吗？”

“奇怪的事情吗？奇怪的事情……”

杰瑞用大拇指和食指捏住眉心，闭上眼睛，看起来像是在拼命回忆。

“啊，要是没有也没关系。”

“不好意思，我没想起来任何不对劲的事……没能帮上你

的忙真是太抱歉了。”

询问研究内容　→　前往　138

离开研究所　→　前往　217

调查线索 D　→　前往　“12 + 线索 D 的编号”

13　↰99

“晚上月之丘见……看来，这个军人就是村庄的不速之客。今天晚上我到月之丘去瞧瞧吧。”

“我总有一种不祥的预感，你一定要小心啊。”村长担忧地说。

“请您放心。”

“对了，差点儿忘了，我答应过要把‘孔雀’交给你保管。”

村长把‘孔雀’从保险箱里拿出来，交给了你。

“不用，我只是履行了自己作为侦探的职责。”

“说好的事怎么能反悔呢？这是给你的奖励！”村长豪迈地笑了起来。

“既然这样，那我就先收下了。”

【请在线索 W 处填入“晚上月之丘

见”，并在线索 W 的编号处填入“13”。】

14 ↰384

女巫的墓碑不可思议地出现在你面前。

“这就是女巫的墓碑吗？”

墓碑风化得十分严重，虽然认不出上面的名字，但是能分辨出出生日期和死亡日期。

“生于 1437 年 1 月 14 日，卒于 1481 年 9 月 1 日。”

根据墓碑记载，女巫在 44 岁时就去世了。墓碑背面的字迹斑驳不清，很难读出完整内容，只能依稀看出下面的文字。

“后世出现狼人身份　刻　石板

古书和钟楼里　藏　石板的位置”

“狼人！”

哈里·卡沙萨信中所写的果然是真的！女巫预言了狼人的出现！

“女巫看穿了后世出现的狼人的真实身份，并将其特征刻在了石板上……如果找到那块石板，也许就能知道狼人的真实身份了！看来，古书和钟楼里藏着关于石板位置的信息。”

【请在重要信息栏 10 中填入“女巫将狼人的特征刻在了石板上”。】

【请在重要信息栏 11 中填入“古书和钟楼里藏着关于石板位置的信息”。】

15 ↰248

火之精灵形似蜥蜴，只能在烈火中生存。它往往出现在森林大火中或火炉里，会从口中喷出火焰。在波多卢奇地区，曾有人在纳玛山发生火灾时见过它。

16 ↰264

“精灵呀，快出来吧。”

精灵对你的声音有印象，立刻现了身。

“你要给我越橘吗？”

“抱歉，今天没有越橘。”

“那你带其他东西了吗？”

调查线索 k → 前往 “16 + 线索 k 的编号”

17 ↰209

“这只鞋是粉色云朵鞋店的商品。你看这里。”

波利娜指了指鞋垫。虽然因为摩擦，商标变得不太明显，但依然不难看出粉色云朵的标识。

“我拿给米歇尔看，也许就能知道这只鞋属于谁了。”

“干得好，哈提！”

波利娜使劲摸着哈提的头。

“侦探先生，真的很感谢你！我该怎样表达我的谢意呢？”

调查线索 M → 前往 “17 + 线索 M 的编号”

18 ↰296

“‘花的真意揭晓之时，风指引你至神殿’？这是什么意思？这里说的花，是指怪盗送来的那朵木瓜花吗？”

【请在线索 h 处填入“花与风”，并在线索 h 的编号处填入“18”。】

【请在重要信息栏 22 中填入“花的真意揭晓之时，风指引你至神殿”。】

19 ↰228

你看着挂在餐厅墙上的画。（画见右页。）

画中，两个女巫站在悬崖之上，伸手指向远方，似乎在指引人们。

画中有许多字符，这些字符似乎传达着神秘的信息。

“女巫的形象很眼熟，她们似乎想告诉我什么。”

请找出画中的隐藏信息，然后前往其中包含的数字对应的小节。

W
A
S I
G
N
92
E
K
56
×
73
M
03 47
B F
R

20 ↰277

“你好，米歇尔。今天你可真受欢迎啊。”

“我已经厌倦了……”

“虽然大家都已经问过一遍了，但我还是想知道，你是怎么遇到精灵的？”

“还要聊这个啊？我今天已经讲过很多次了。”

米歇尔看上去比平时更加无精打采，又重复了一遍事情的经过。米歇尔说，她在咖啡馆喝完越橘茶后，便去梅尔格池塘附近散步，这时，一阵风突然吹来，等她反应过来，精灵已出现在她眼前了。

调查线索 Y → 前往 “20 + 线索 Y 的编号”

21 ↰72

你盯着信里的图形观察了一小会儿，发现只要将两个图形分别遮住一半，就能看到“21”这个数字。

“我明白了。可恶的怪盗，今晚我一定要抓住你！”

“你说什么？”

“村长，保险箱就保持原样，放在这里不要动，我来抓住那个怪盗。”

“你真的能抓住他吗？”

“包在我身上。想必怪盗会按照他信里写的那样，今晚来

偷‘孔雀’。”

“好，我相信你！要是你能保护好‘孔雀’，我就把它交给你保管！”

“我没有这个意思……”

“反正今年的选美大赛也中止了，与其将‘孔雀’丢在仓库里，还不如交给你！”

“好！总之我会保护好‘孔雀’，不让它被偷走！”

“今天晚上 21 点……等着吧，可恶的怪盗！不过怪盗这么狡猾，要想抓住他，我得找几个帮手。”你暗暗思索。

【请在线索 M 处填入“怪盗的来信”，并在线索 M 的编号处填入“21”。】

22 ↰240

“我明白了！报纸上写着日出时间是 4 点，日落时间是 19 点，而今晚月亮升到最高处的时间是 22 点！”

【请在线索 s 处填入“日落时间”，并在线索 s 的编号处填入“19”。】

【请在线索 t 处填入“月亮升到最高处的时间”，并在线索 t 的编号处填入“22”。】

23 ↰36

“twenty-three，bell tower！ 23 点，钟楼！怪盗八十八面相，

今晚就一决胜负吧！”

你将果酱瓶递给精灵，快步离开了梅尔格池塘。

【请在线索 c 处填入“和怪盗一决胜负”，并在线索 c 的编号处填入“23”。】

24 ⮤400

你向宝库走去。太阳已经彻底落山了，整座神殿在月光下散发出银白色的光芒。

宝库大门紧闭，大门上方的墙上刻着巨大的浮雕。那是一种现实中不存在的尖耳生物，它还长着一对翅膀。

“这个浮雕和那个精灵好像啊……”

你忽然有种奇怪的感觉，猛一回头，发现拱门旁的阴影中竟然有一个影子闪过！

“谁？谁在那里？！”

听到你的喊声，那个影子缓缓现身了。

查看影子 → 前往 47

25

你一走进图书馆，埃尔希就向你跑了过来，她看起来非常兴奋。

“侦探先生，听我说！”

“怎么了？”

“是这样的，以前有一对收集民间传说的兄弟曾住在乌克梅尔村。昨天，我终于找齐了他们留下来的手稿！”

“那真是可喜可贺。”

“这些手稿记录了村子里流传至今的民间传说，足足有200个故事！因为那对兄弟当年住在梅尔格池塘附近，所以这本故事集就叫《梅尔格童话》。”

借阅《梅尔格童话》 → 前往 246

26

⮤214

你和村长赶紧向柱子奔去，毕竟谁也不知道狼人何时会再次袭来。你早已筋疲力尽，可还是拼尽最后的力气挪动了柱子，进入了古老的地道。

通过地道回到村里 → 前往 79

27

埃尔希正在前台打瞌睡。听到你的脚步声后，她醒了过来，扶正了眼镜，将放在桌上的报纸摊开，装出一副一直醒着的样子。

聊聊报纸上的新闻 → 前往 232

去阅览室 → 前往 215

向埃尔希借阅古书 → 前往 41

28 ↰213

你敲响贝亚德大街上一栋别墅的大门后，一位长相和老婆婆十分相似的年轻女子走了出来。

“奶奶！”

“是这个年轻人把我送过来的。”

女子向你鞠了一躬，表示感谢。

“真是麻烦您了。奶奶，您来之前怎么没跟我说一声，我去接您嘛。”

“我可不喜欢被当成老年人对待。对了，这个给你。”

老婆婆从包里掏出一样东西交给你，那是一个白色布袋。

“这个护身符就当谢礼了，这可是28年前去世的我家老头子的遗物呢。”

“这么贵重的东西，我怎么能要呢？”你不断推辞，可老婆婆却硬将护身符塞进你手里，然后一边和孙女小声嘀咕着什么，一边走了进去。

【请在线索j处填入“护身符”，并在线索j的编号处填入“28”。】

29

↰321

你用捡到的5拉兹硬币的边缘贴着墙上画的山脊，然后缓缓移动硬币。不可思议的事情发生了！从硬币中央的小孔看到的文字连成了这样一句话：

“当月亮升到最高处时，鸟将落在山丘之上……这是什么意思？

【请在线索r处填入“月亮和鸟”，并在线索r的编号处填入“29”。】

【请在重要信息栏29中填入“当月亮升到最高处时，鸟将落在山丘之上”。】

30

乌克梅尔图书馆前是一片静谧的树林，它旁边则是缓缓流淌的维尔河。这里宁静的氛围使人很容易静下心来阅读。

图书馆前台坐着图书管理员埃尔希·拉基亚。她鼻子上架着的圆框眼镜和她十分相称。

当你走近前台时，埃尔希和你打招呼：

“你好，你需要什么帮助吗？”

和埃尔希对话　→　前往　236

查看公告栏　→　前往　103

31

↰207

“暗号是什么？”

你没有得到任何回应。无论用手拍打，用身体撞击，还是用石头砸，宝库的大门都纹丝不动。最后，精疲力竭的你在宝库前蹲了下来。

从醒来时起，你便感到异常疲惫，随后狼人的袭击更是让你身心俱疲。一阵难以抵御的困倦感向你袭来。

你再也没有精力担忧被关在宝库里的人的安危了。

此时，漆黑的森林里，两只血红的眼睛正盯着瘫倒在地的你。

游戏结束。

32

你走进图书馆，可埃尔希看都没看你一眼。

你向柜台里面望去，发现她正沉迷于编织。

“埃尔希女士，你好。”

“啊，吓我一跳！原来是侦探先生啊。”

“天气已经很暖和了，你怎么还在织东西呀？”

“因为选美大赛中止了，我闲得很，而这里又必须保持安静，就只好织些东西来打发时间。”

“你很擅长编织吗？”

“不，我还是跟尤玛学的，她是詹姆斯的妻子。她啊，很

擅长缝补和编织呢。”

打听关于图书馆的信息 → 前往 372

调查线索 L → 前往 “32 + 线索 L 的编号”

33 ↰96

“false beard，假胡子？”你灵光一闪，“你是……”

“你想明白了？太棒了，你果然没让我失望！”

风刮得更猛了，怪盗突然安静了下来。

有什么地方不对劲！

和怪盗一样，你也察觉到了异样之处——

23 点的钟声并没有响起！

感受到了某种气息，你和怪盗同时抬头望向钟。

钟楼青色的顶部直指金黄色的月亮。

钟的旁边出现了一双血红的眼睛。

是狼人！

【请在线索 d 处填入“假胡子”，并在线索 d 的编号处填入“33”。】

【请在重要信息栏 16 中填入“怪盗贴了假胡子”。】

迎战狼人 → 前往 80

34

“看样子这是条围巾吧？是送给谁的礼物吗？”你向埃尔希搭话。

埃尔希一边织，一边小声嘟囔了一句：“给谁都可以吧。”但你看到她羞红了脸。

查阅旧报纸 → 前往 201

查阅古书 → 前往 296

35 ↰70

“这枚戒指多少钱？”

“仅售 40 万拉兹。”

“……”

“你是对戒指是真是假有所怀疑吗？请放心，我鉴定珠宝的眼光相当精准，而且这枚戒指有鉴定证书。”

“其实，我现在手头不太宽裕……我能之后再来看看吗？”

“好啊。”

36 ↰325

精灵忽闪着翅膀跳起了舞，嘴里还念念有词。

“迷茫之时，莫要听信撒旦（Satan）。后退三步，也许你会豁然开朗。”

【请在重要信息栏15中填入“迷茫之时，莫要听信撒旦（Satan）。后退三步，也许你会豁然开朗”。】

请根据精灵的提示，破译怪盗的留言（参见第310节或重要信息栏13），然后前往密文包含的数字对应的小节。

37 ↰300

昨晚，考古学家哈里·卡沙萨在这条小巷里遇害，而你现在正站在他倒下的地方。哈里是在昨天夜里11点左右被狼人杀害的。

调查小巷周围 → 前往 338

调查线索A → 前往 “37＋线索A的编号”

38 ↰17

“既然你这么说，那我有个请求。”

“什么请求？”

“我想借你家哈提一用。今天晚上，我们计划搜捕怪盗，

但是怪盗极其善于伪装，他一定早就假扮成某个村民，潜伏在村子里。我能够相信的就只有哈提了。”

“你要带走哈提？”

一想到刚刚失而复得的哈提可能又要陷入危险，波利娜瞬间面如土色。

没想到，哈提却突然停下摇尾巴的动作，盯着不安的主人大叫了一声。

“话说回来，小哈提如果是人类，今年已经36岁了，正值壮年呢。小哈提，你一定要抓住怪盗！”

你向波利娜郑重承诺，一定会将哈提平安地带回来。之后，你牵着哈提离开了波利娜家。

【请在线索S处填入“得力助手哈提”，并在线索S的编号处填入“36”。】

39 ↰104

“侦探先生，没想到你也会来教堂。”

“帕特菲先生如此虔诚，着实令我感到意外。”

“这有什么，你也在这里好好净化一下自己的心灵吧。对了，这个月可是敬老月，要是遇到需要帮助的老人，你可一定要帮助他。”

帕特菲说罢，从你面前走过，进了礼拜堂。

40 ⮤346

《巨人和孔雀》

巨人阿尔戈斯身上长着许多眼睛。他的额头上还有一个与生俱来的月牙标记。

阿尔戈斯对他数量众多的眼睛和漂亮的月牙标记感到非常自豪。

有一天，额头上的月牙说话了。

“你有好多只眼睛啊。”

阿尔戈斯说：

“没错。我很喜欢它们。”

月牙又说：

“我希望你把一只眼睛献给我。”

“好吧，那我就把在你正下方的眼睛献给你吧。”

从那以后，阿尔戈斯在月牙正下方的眼睛就失去了眼珠。

【请在重要信息栏27中填入“月牙正下方的眼睛没有眼珠”。】

41 ⮤27

“可以把女巫留下的古书借给我吗？”

“请稍等。”

过了一会儿，埃尔希从书库里走了出来，手里拿着一本又破又旧的书。

“这本书应该记录了关于石板所在之处的提示，可惜现在好像还无法解读。”

一四八一年　八月二十四日

盛开的花朵终有凋谢之时，辉煌的宫殿亦有倒塌之日。

在漆黑的深夜，吊桥悄然断裂，邪神随之诞生。

宣告真相的钟声中，人迹罕至的角落里，

知道宝石意义之人，将给予你指引。

命运的揭幕仪式上，引路星熠熠生辉。

觉醒吧，知晓未来的指引者的后代。

不要让无辜之人风中恸哭，

预言浮现的时候，一切都将结束。

42 ↰202

“咖啡馆紧挨着池塘，位置真不错。”

“我也很喜欢。这家店以前住着兄弟俩，据说他们专门研究与梅尔格池塘和村子有关的民间故事和传说。之后，他们的住处经过一番改造，就成了今天这家咖啡馆。”

“那兄弟俩一定把收集到的民间传说整理成册了吧？”

“谁知道呢，这我就不清楚了。”

43 ↰100

墓碑从教堂后整整齐齐地一直排列到海德伦大街上。每排都有 3 座墓碑。

墓碑虽然都有些老旧，但各个角落似乎都被精心打理过，每块墓碑都闪着白色的光芒，有好几块墓碑前还供着美丽的鲜花。

44 ↰129

根据哈里·卡沙萨留在便笺纸上的提示，你发现了照片中的墓碑上的代表女巫的符号。

“墓碑上刻着一个代表女巫的符号，也就是说，墓地里还有女巫的墓……那座墓里也许藏着某个秘密，我来把女巫的墓找出来吧。”

【请在线索 L 处填入“女巫的墓”，并在线索 L 的编号处

填入“44”。】

45 ↰145

从前台边上的楼梯上 2 楼之后，你发现从左手边的窗户能看到旅店后巷。

那正是昨晚哈里·卡沙萨被杀害时所在的小巷。你一边用余光打量着昏暗的小巷，一边敲了敲“猫头鹰之房间”的房门，随后，一个年轻人打开了门。

“不好意思，打扰了，我是一名侦探。”

“啊，你是侦探吗？”

年轻人看起来有些吃惊。

“你就是埃德加先生吧？我可以问你一些问题吗？”

“可以啊。这样站着说话不方便，请进来问吧。”

你向埃德加微微欠了欠身，进了他的房间。

房间里有两扇窗户，其中一扇朝着凯特西大街，另一扇朝着那条小巷。

向埃德加问问题 → 前往 158

观察小巷 → 前往 193

46 ↰20

“精灵会发光吗？”

“你知道的还真多。精灵说话的时候，会发出十分耀眼的光。”

“说话？你和精灵说话了？”

“嗯，它用人类的语言说了只言片语，像什么‘你，酸酸甜甜，好香！’之类的……”

米歇尔一只手托着腮，另一只手在空中开开合合，好像在模仿精灵。

“你遇到的应该是风之精灵吧？”

“风之精灵？”

“嗯，我昨天正好看了一本有关精灵的书，你描述的样子很符合风之精灵的特征。”

47 ↰24

狼一样的怪物从阴影中缓缓现身，它的双眼犹如你在钟楼见到的那样，闪着血红的光。

“狼……狼人！”

狼人露出尖牙，发出低吼，一步一步逼近你。你下意识向后退去，可身后是紧闭的宝库大门，你既找不到退路，又找不到任何可以当作武器的东西。

“我记得图书馆的某本书里记载了击退怪物的方法，那本书是……”

《花语辞典》　→　前往　63

《波多卢奇的精灵们》　→　前往　111

《珠宝与古董》　→　前往　420

48 ↰37

“2 楼的窗户在那里，所以刚才看到的发光的东西应该就在这附近。”

仔细查看了一番后，你发现石板路的缝隙里藏着一枚小小的曲别针，曲别针上别着一张纸片。为了不把纸片撕破，你小心翼翼地将它取了下来。纸片大小刚好和小型记事本的尺寸差不多。

“这是被杀害的哈里留下的吗？”

查看纸片→　前往　173

49 ↰95

你来到墓地，站在女巫的墓碑前。你仔细观察墓碑，发现墓碑上可能藏着某些信息。

调查线索 w　→　前往　“49 + 线索 w 的编号”

50

↰149

你成功破译了密码。

“有一个50岁左右的军人，在村子里制造新型武器……为什么波利娜手里会有这样的情报？”

【请在线索U处填入“军人”，并在线索U的编号处填入“50”。】

51

↰376

你站在书架前，查看每本书的书名。与木工工具、家具、排水系统等相关的专业图书被摆在一起，除此之外，书架上还有房屋设计图、下水道图纸等资料，书架右下角收纳着詹姆斯写的修理和改造记录。看来，他是一个非常喜欢整理的人。

52

↰254

你在周围转来转去，试图找到进去的方法。然而研究所门窗紧闭。你束手无策，望着研究所对面的梅尔格池塘出神。

调查线索i → 前往 “52＋线索i的编号”

53

↰407

帮帕特菲找出吊坠后，你说明了来意。帕特菲果然有办法。经过一番加工，“被囚禁的苹果”被成功打开，你将内

部苹果形状的红宝石拿了出来。

“接下来要跟随风的指引……”

【请在线索 k 处填入“被囚禁的苹果”，并在线索 k 的编号处填入“53”。】

54

⮤223

KFP 是波多卢奇王国军队（Kingdom Forces of Potorus）的英文名称的缩写。

“今天的报纸上有一篇相关的文章，KFP 袭击了反战组织阿里斯托的大本营……波利娜，你究竟是什么人？”

55

“内莫村长，您身体好点儿了吗？”

村长的气色比刚被救出来时好了一些。怪盗把村长的床弄坏了，所以他现在只能躺在客厅的沙发上，脖子上围着一条与季节不相符的厚围巾。

“多亏了你，我现在感觉好多了。没想到，我不在的这些天，村里竟然发生了这么多大事……”

村长一脸懊恼，紧紧握住了拳头。

3 只狗正频频嗅着村长的气味。

“这些狗从昨天开始就一直嗅个不停！”

“话说，您脖子上的围巾是？”

“这是今天早上埃尔希送给我的，她还说我最近变帅了！受欢迎的男人总是有很多烦恼啊。”

“我想，她夸的大概是怪盗伪装的那个村长吧。”

询问关于女巫的信息 → 前往 283

56

↰418

从各种各样的观光指南里，玛丽向你推荐了她最喜欢的一本。

“看这本！这里说梅尔格池塘周围到处都是越橘，甚至还写了判断越橘是否好吃的方法。”

“我看看。‘梅尔格池塘周围生长着大量越橘，然而能结出好吃的果实的越橘只有 10 株。不仅如此，据说真正好吃的越橘果实全部加起来只有 15 颗。’”

【请在重要信息栏 14 中填入“能结出好吃的果实的越橘有 10 株，好吃的越橘果实有 15 颗”。】

57

门上没有贴纸条。看来今天很难得，村长在家。

“请问有人吗？”

你敲了敲村长家的大门。

“有人，直接推门进来就行。”屋里传来村长的声音。

你沿着走廊往前走，进了村长的房间。

村长在床上半坐半躺，正在吃饭。之前忙于筹备选美大赛，后来又遇上乌克梅尔桥遭破坏、怪盗出没，甚至更糟糕的狼人连环杀人案，为这些事忧心不已的村长疲惫不堪。3 只狗正围在床边睡觉。

“昨晚你保护了‘孔雀’，干得漂亮！”

安慰村长 → 前往 122

询问关于波利娜的信息 → 前往 371

询问关于 3 只狗的信息 → 前往 71

58

↰177

波利娜的房间里只摆着桌子、床和一个大书柜。桌子上放着一台打字机和一盒开了封的薄荷烟，书柜被与狗有关的书塞得满满当当。当你走到书柜边上时，脚下不知碰到了什么小东西，你不小心把它踢到书柜下面去了。

查看书柜 → 前往 223

查看书柜下面 → 前往 115

查看桌面 → 前往 88

59 ↰49

“女巫的出生日期是1月14日，她的星座是摩羯座！”

60

走过尼兹霍格桥，你来到了村长家，但村长似乎不在家。他家门上贴了两张纸条。

有事请前往乌克梅尔广场。

清理狗狗的粪便是主人的责任。

去乌克梅尔广场 → 前往 270

61 ↰182

“我会帮你把哈提找回来的，请你放心。”

“真的吗？”波利娜抬起头望着你。

“哈提是在什么地方不见的呢？”

“它是在散步途中跑丢的。莫非哈提不喜欢那条散步路线？哈提，我可爱的狗狗……”

“请你跟我详细说说那条散步路线。”

“我们先沿着魔犬大街向西南方向走，过了尼约德桥后路过了村长家。然后，正当我准备过尼兹霍格桥时，哈提变得

十分暴躁，我一不小心就松开了牵引绳……”

“原来如此。当时大概是几点？”

“大概是15点……40分的样子。”

【请在线索N处填入“散步路线”，并在线索N的编号处填入“40”。】

62

村长今天似乎也不在家。门上贴着两张纸条。

有事请前往乌克梅尔广场。

清理狗狗的粪便是主人的责任。

去乌克梅尔广场 → 前往 272

63 ↰47

“是《花语辞典》吗？”

你拼命回忆那些你曾查过的花，却想不起来任何有用的花语。狼人以迅雷不及掩耳之势向你冲了过来。

游戏结束。

64

村长还是和昨天一样半坐半躺，似乎还没有从筋疲力尽的状态中恢复过来。

波利娜的 3 只狗正趴在床的周围，盯着村长看。

“它们看到波利娜的胸针后总是发出悲哀的呜咽声，真可怜。好了，你们几个小家伙，快去吃饭吧。”

3 只狗听话地走出卧室，去了放着狗粮的客厅。

询问有关桥和下水道的信息　→　前往　241

65

↰ 297

你走上楼梯，敲响了“猫头鹰之房间”的门。

埃德加探出头，请你进了屋。他似乎正在房间里休息。

他的长发被束了起来，你看到他脖子上有一块小小的胎记。

询问他是否找到了双亲　→　前往　292

66

↰ 111

“Vatwaurqajas zlaqangs！”

你用精灵语大喊。

突然，一阵阵凛冽的寒风刮过，越刮越猛，你只能勉强

站立。

然而强壮的狼人根本不把寒风放在眼里，依旧以惊人的速度向你袭来。

游戏结束。

67 ↰52

根据下水道地图，梅尔格池塘附近应该有一处下水道的入口。想想办法，也许能从那里潜入研究所。你按照地图进行了一番搜寻，很快就找到了下水道的入口。你点亮煤油灯，从入口进了下水道。下水道笔直地向东延伸，走了大约 5 米，你看到了一架梯子。你可以沿着梯子向上爬。

爬上梯子 → 前往 378

68 ↰200

“我正在调查昨天发生的案件。你最近有没有发现什么异常的事情？”

“异常的事情……没有。对了，前段时间，我在广场上看了一场马戏！马戏团里有一个身材纤细的女人，不知用了什么办法，她居然从牢牢锁住的手铐中逃脱了！”

安娜一边说，一边转动自己的手腕。她的右手小指戴着一枚戒指。

你和安娜聊天时，坐在邻桌的男顾客向安娜搭话。

“安娜，你参不参加明天的选美大赛呀？你要是参赛，一定能获胜。”

你对这个说法表示赞同，可安娜十分害羞，并没有明确地回答。

69

↰16

你将从“被囚禁的苹果”里取出的宝石交给了精灵。

精灵专注地盯着手里的宝石。

突然，它一改一直以来天真烂漫的表情，露出了恶魔般的邪笑！

周围突然刮起狂风，风中夹杂着一股酸酸甜甜的香气，你的眼前出现了不断变大的透明齿轮，剧烈的头痛伴随着耳鸣袭来，你就这样失去意识，倒在了地上。

去森林 → 前往 91

70

↰150

戒指上的红宝石的边缘被加工成了锯齿状。

“这枚戒指看起来很像齿轮呢。”

“没错。很久以前，一位工匠翻越纳玛山远道而来，为钟楼设计了复杂的齿轮，还制作了机械人偶。根据这个故事，

这枚戒指被制作成齿轮的样式。乌克梅尔村有句俗语叫作‘齿轮沿着纳玛山转动’，说的也是这件事。”

“原来如此。”

【请在重要信息栏 5 中填入“齿轮沿着纳玛山转动”。】

询问戒指的价格 → 前往 35

询问关于“被囚禁的苹果”的信息 → 前往 414

调查线索 D → 前往 “70 + 线索 D 的编号”

调查线索 E → 前往 “70 + 线索 E 的编号”

71

↰ 57

“这些小狗是？”

“就是波利娜养着的那 3 只狗，我领养了它们。主人不幸身亡，这些小狗真可怜。”

说着，村长切了一块熏鱼分给小狗。

调查线索 V → 前往 “71 + 线索 V 的编号”

72

↰ 226

图形旁边写了这样一段话：

“一半在阴影之中。

今晚，我会在这个时间出现。”

请根据怪盗留下的信息，找出图形中的数字，然后前往数字对应的小节。

73 ⮤320

“你项链上的这个十字架吊坠好漂亮啊。”

“谢谢。我周日会去教堂做礼拜，这会让我的内心变得平静……我戴着这条项链时，总是能感受到那种平静……”

说着，凯列用右手轻轻抚摸着胸前的吊坠。她右手食指上的戒指闪着耀眼的光芒，而其他手指都没有佩戴戒指。

“教堂的神父是个怎样的人呢？”

“第一眼看到他，人们往往会感到有些害怕，但他其实是个大好人。可惜他的正义感实在太强了，所以很容易被人误解。”

74 ⮤295

杂技演员玛丽·库米思正在房间里看书。

“难得看到你没出门，在房间里看书呢。”

“嗯，我在调查一些事情。”

“昨天我们还在鞋店遇上了，好巧啊。”

“是啊。昨天我和米歇尔聊了很多，她真的是个有趣的人！”

“可我觉得她的性格有些古怪。”

“对了，我从米歇尔那里听说，安娜和凯列只有一个人是女巫的后代，对吧？你知道究竟是哪个吗？”

调查线索 w → 前往 “74 + 线索 w 的编号”

75 ↰106

“时刻表复原了。”

“你真是帮了我大忙！这样马车运行起来就没问题了！”

“能帮上忙是我的荣幸。”

帕斯卡摘下手套，想和你握手。他右手中指上的戒指在闪闪发光。

76 ↰32

“你了解女巫的墓吗？”

“女巫的墓吗？女巫的墓啊……”

埃尔希仰着头，眼珠来回转动，似乎在拼命回忆。

“好像在哪儿见过和女巫的墓相关的书。我记得是谁捐赠的一套书……”

“那套书的书名或装帧特点之类的，你有印象吗？”

“这我就记不清了，不过应该是科尼亚克先生多年前捐给图书馆的。”

继续询问埃尔希 → 前往 249

77 ↰ 248

风之精灵长着巨大的羽翼，身体晶莹透亮，说话时，它们身上会发出美丽的光。风之精灵的咒语蕴含着不可思议的力量。它们在神殿或寺庙吟唱咒语时，这些地方就会刮起怪物最讨厌的热风。

人们曾在萨兹村、乌克梅尔村等地的池塘边见过风之精灵。在乌克梅尔村，有一位少女甚至与风之精灵合了影，但照片的真伪不得而知。

【请在重要信息栏 17 中填入“怪物讨厌热风”。】

78 ↰ 70

“我对于戒指和宝石之类的东西不太了解，所以想跟你学习一下。”

“真是有心了。”

“你放在那边的书，是叫《神奇的戒指》吧？”说着，你指了指放在茶几上的书。

“噢，这个啊。你要看看吗？”

帕特菲把茶几上的书递给了你。

“多谢。”

“对了，这本书是我从图书馆借来的。等你看完，记得帮我还了。”

翻看《神奇的戒指》 → 前往 196

79 ↰26

在村长的带领下，你成功走出了地道，从梅尔格池塘附近的下水道回到了地面。你将村长送回了家。

回到旅店后，你沉沉地睡了过去。

80 ↰33

狼人居高临下地看着你和怪盗，它咧着嘴，仿佛在嘲笑你们根本不是它的对手。

狼人身后，一个不明物体挂在钟顶，你定睛一看，发现那个物体居然呈人形！你吓得心脏都漏跳了一拍。

“弗里茨先生！”

你大喊一声，却没有得到回应。

“你这个怪物！”

怪盗破口大骂的瞬间，狼人用惊人的速度扑了过来。怪

盗飞快地躲开了它。

狼人转而向你露出了獠牙。

“把刀拔出来！”

怪盗冲着你高喊。

与狼人搏斗 → 前往 259

逃跑 → 前往 219

81 ⮤388

“不要再装了！”

“你在说什么？”

“你把真正的村长藏到哪里去了？”

“你不要诬陷我！”

“红酒杯上右手中指的戒指留下的痕迹、在米歇尔店里定制的 27 码的鞋，以及假胡子——这三个证据都指向你！别再嘴硬了，怪盗八十八面相！”

“村长”微微低下头，露出狡黠的笑容。

抓捕怪盗 → 前往 417

82 ⮤417

你将床垫抬起来，发现床下居然有一个大洞，洞口垂着

通向地下的绳梯。

看着那个黑漆漆的洞口，你的脑海中浮现出诸多曾被忽略的细节。

村长在图书馆借的书已经逾期 20 多天了，下水道在村长家附近，寄养在这里的 3 只狗吃了气味浓烈的烟熏食品后嗅觉变得不再灵敏……

看来，怪盗在很久之前就已经取代了村长，挖了这条通往下水道的地道。现在，他肯定已经卸下伪装，驾驶杰瑞研究员的乌佐扑翼机逃出村子了。

等心情平复下来之后，你开始思索怪盗最后留下的那句话。

“把‘孔雀’还回去……‘孔雀’应该就是那条项链，但我应该把它还到哪儿去？”

【请在线索 l 处填入“怪盗的话”，并在线索 l 的编号处填入“88”。】

【请在线索 m 处填入“暗号”，并在线索 m 的编号处填入“7”。】

【请在重要信息栏 19 中填入“把‘孔雀’还回去”。】

83 ↰12

你看了看研究员搭在扶手上的右手。他的右手中指戴着戒指，手腕上还戴着一个环状的饰品，上面嵌着一个有数字的圆盘，圆盘上还有细小的针在动。

“那个是……戴在手上的表吗？”

“嗯，算是吧。这个叫作手表，很少见，对吧？我大部分时间都在家里做研究，不经常看钟楼，所以有块手表很方便。估计在不久的将来，手表就会普及。”

说罢，研究员轻轻抚摸了一下手表的表盘。

【请在重要信息栏6中填入“杰瑞研究员用自己的手表看时间”。】

84 ↰74

“目前我得到的信息是，世世代代的女巫的星座都相同。女巫的墓碑上刻着她的出生日期，所以接下来，只要弄清安娜和凯列的星座，就知道谁是真正的女巫后代了。”

“侦探先生，你好厉害啊！为了了解这个村子的更多历史，我昨天去了图书馆，果然发现了这个村子的不同寻常之处。”

“不同寻常之处？”

“我每天都在村子里到处调查，然后意识到，女巫、狼人、精灵、占卜这些日常生活中根本不会遇到的事情，却在这里

频频发生。”

“玛丽小姐，你究竟是……”

“我也是一名侦探，受邀来到这个村子。只不过给我寄信的不是哈里·卡沙萨。”

“你说什么？”

“我的雇主是弗里茨·基尔希。起初，你也是我的怀疑对象之一，不过看样子这是个误会。”

“你是说弗里茨先生？！你不是杂技演员吗？”

“这我可没说谎。我既是杂技演员，又是一名侦探。不论你还是我，都在不经意间对这个村子里超现实的情况习以为常了。总而言之，这个村子一定有哪里不对劲。”

“确实，在这里进行推理的依据几乎都不能用科学的理论来解释。然而，这些东西在这里却被人们当作常识。”

“我觉得，如果遇到狼人，用常规手段去战斗肯定没有任何胜算。你打算怎么做？”

“这个……”

“不如换个角度？在这个村子里，狼人也是超现实的一种存在。要是村里流传下来某种可以击败狼人的方法，照做就可以了，狼人一定没有还手之力。”

85

↰172

“有什么有意思的内容吗？”

“报纸上说，有人在梅尔格池塘边看到了精灵。真的有那种东西吗？”

“弗里茨先生不相信精灵的存在吗？”

“也不是不相信，只是据说看到精灵的人都莫名其妙地失踪了，说不定精灵并不像报纸上写的那样可爱。”

86 ⮤375

“这是?！”

你小心翼翼地刮开石膏后，面前出现了一幅和正面相似的、画着悬崖上的女巫的画作（见下页）。正面的画上有两个女巫，而背面只画了一个。

“只有一个女巫……这就是真正的女巫吧。只要解开这道谜题，就能知道谁才是货真价实的女巫后代！”

请找出画中的隐藏信息，然后前往其中的数字对应的小节。

87 ⮤163

这么近的距离，你已经逃不掉了。更何况你现在赤手空拳，可以说已被逼入绝境。你的心都快跳出嗓子眼了。

但是，你也不能放弃抵抗，就这样被狼人杀死。你大吼一声，使出全身力气向狼人撞了过去。

然而狼人轻轻松松地躲开了，露出凶狠的狞笑。

相 太

龄 同 年

的

80 50

星

阳

月

座

明

20

型 10 生

血

日

此时，钟楼正好响起 22 点的钟声。

游戏结束。

88 ↰58

放在桌上的打字机的型号哪里都能买到。你按下所有按键，将每个字母都打印下来后，发现 F、K、P 这三个字母稍微有些不清楚。

接着，你打开烟盒。虽然已经开了封，但里面的烟一支都没少。你将所有烟都拿出来后，发现其中一支烟的卷纸的材质与其他的都不同。你把这支烟拆开，发现卷纸内侧写着奇怪的文字。

“这是什么？密码吗？”

破译密码 → 前往 149

89 ↰165

上了 2 楼，你沿着走廊前行，走廊尽头右手边便是钟摆房。你用从管理室拿来的钥匙打开门，进入钟摆房。

钟摆房左侧靠墙的位置有一个巨大的钟摆，正在有规律地摇摆，正中央是一个巨大的机械人偶。从地面往上看，机械人偶显得很小巧，其实它相当大。人偶身上到处都凹凸不平。

调查线索 p → 前往 “89 + 线索 p 的编号”

90

↰ 308

“这些应该都是好吃的果实。”

你将好吃的越橘果实装进事先准备好的袋子里。

“这些一共有 90 克左右吧？够多了。”

你咬了一口红色的越橘果实，它虽然酸酸的，但非常可口。

【请在线索 a 处填入“越橘的果实”，并在线索 a 的编号处填入“90”。】

91

↰ 69

你从噩梦中惊醒，发现自己正躺在一片郁郁葱葱的森林里。你极度疲惫，身体还有麻痹的感觉。你强忍头痛和胃里翻滚的酸水，努力站了起来。环视四周，你发现远处有一座建筑。太阳很快就要落山了，你踉踉跄跄地朝着那座建筑走去。

前往被遗忘的神殿 → 前往 400

92

↰ 180

“这顶贝雷帽很适合你。”

“谢谢夸奖！”

“你的胸针也很别致。看你打扮得漂漂亮亮的，是准备出

门吗？”

“没错。”

“这个 A 有什么含义吗？”

“你是说这枚胸针？这个就是……阿拉克的 A，是我姓氏的首字母！”

“原来如此。”

“是……是的！不跟你聊了，我要去餐厅约会了。”

93 ↑165

你走到钟楼外面，抬头望向钟楼。

钟楼在不同时间会呈现不同的样子。白天，在蓝天白云的映衬下，钟楼看上去十分庄严。夕阳西下时，落日给钟楼染上金色，美不胜收。

调查线索 o 和线索 s → 前往 “93 + 线索 o 的编号 + 线索 s 的编号”

94 ↑347

“你的面包看起来很好吃。”

“搭配这种果酱更好吃！”帕斯卡指了指装果酱的瓶子。“这是我前不久在角笛咖啡馆买的越橘果酱。这个季节的越橘果酱可是堪称一绝呢，而且这是安娜亲手做的果酱……”

“安娜？”

“啊，没什么！下次你也尝尝吧，真的很好吃！”帕斯卡的脸涨得通红。

95

你去了教堂的礼拜堂，神父正在那里向神明祷告。祷告结束后，他向你走过来，说：

“又一个人……请求神让逝者的灵魂得以安息。”

神父的表情一如既往，看不出任何变化，但他的眼眸深处闪过一抹悲悯。

“有一样东西我必须交给你。”

神父从他黑袍的袖子里取出一块坏掉的手表。

“虽然擅自拿出死者的物品是被明令禁止的，但这块手表是杰瑞研究员的贴身之物，想必是在受到袭击时被弄坏的。”

“手表停在了9点02分！这么看来，杰瑞研究员是在21点02分被杀害的！有了这条线索，我就能收集大家的不在场证明了！”

“我听凯列小姐说，你被杰瑞袭击了？但是他身上并没有枪支，他的家也被搜过了，什么都没有找到。”

【请在线索o处填入“研究员被杀害的时间”，并在线索o的编号处填入“21”。】

【请在重要信息栏25中填入“研究员被杀害的时间是5

月14日21点02分”。】

去墓地 → 前往 49

96

↰281

纸上画着奇怪的图案，图案下方还有两排意义不明的小方格和若干符号。你陷入了沉思。

请解开谜题，然后前往谜底的数字对应的小节。

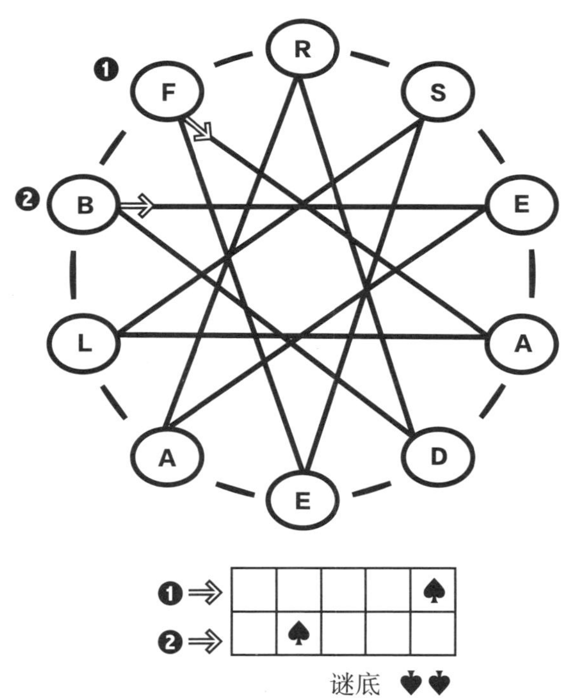

97

神父正在教堂的大门旁和园丁聊天，看到你之后，他便径直向你走了过来。

“狼人是邪恶的化身。那具送到教堂的遗体看起来惨不忍睹……请你赶快破案吧。”

去礼拜堂　→　前往　274

98

↰362

“最近发生过什么奇怪的事情吗？”

“说到这个，昨天下午……”

费利克斯压低了声音。

“波利娜到餐厅来了，和一个瘦瘦的男人在那儿悄悄地聊着什么。”

“瘦瘦的男人？”

“嗯，估计不是这个村子里的人。他们看起来也不像在谈恋爱，波利娜完全没了平时那副活泼开朗的样子。”

“他们聊了些什么？”

“这我就没有听到了。不过，那个男人在回去之前，给了波利娜一盒烟。”

99

↰126

“写在这里的文字是什么意思？这些虚虚实实的线有什么意义？或许我可以把实线延长看看。”你若有所思。遗憾的是，波利娜再也没有机会验证自己的想法了。

图	时	计	广	场	的	丘	猫	7
到	4	宿	村	墓	马	池	车	馆
6	8	地	之	鹰	书	与	花	站
星	空	花	9	塔	2	楼	梅	尔
馆	1	教	桥	口	堂	门	钟	格
公	园	的	晚	莉	莉	上	长	见
分	安	祖	修	森	时	达	川	半
7	8	店	咖	啡	鞋	角	粉	0
家	月	色	3	会	狗	停	5	云

请从今天的报纸上寻找线索，破解波利娜笔记本上的密文，然后前往密文包含的数字对应的小节。

100

沿着安祖大街一直向北走，你在左手边看到了一座屋顶上有十字架的建筑，这就是教堂。

据说，这座教堂是 15 世纪建成的。

它看上去十分质朴，阳光透过 3 扇彩绘玻璃窗，将礼拜堂的地面照得光彩夺目。

穿过陈旧的拱门，一座小而整洁的庭院映入眼帘，角落里的喷泉正哗哗地喷水，管风琴微弱的演奏声从敞开的大门中传来。

教堂里有一间往生室和一间礼拜堂，教堂后面还有一片墓地。

去往生室 → 前往 220

去礼拜堂 → 前往 288

去墓地 → 前往 43

101 ↰313

你将蓝色的半个苹果留给自己，将红色的半个递给狼人。

“等等，把你的那半给我。”

“都是一样的。”

你们交换了苹果。

你咬了一口红色的苹果，狼人像被某种神秘的力量操纵了一般，也跟着你咬了一口蓝色的苹果。

这是多么诡异的场景啊。你和狼人在月之丘上面对面地吃着苹果，你觉得自己仿佛置身梦境。

在你咽下苹果的一瞬间，强烈的睡意袭来，你甚至连站都站不稳了。

“糟了……”

钟声从远处的钟楼传来。

22 点了。

你膝下一软，倒在地上，陷入了昏睡。

游戏结束。

102

大批村民穿过拱门，四散而去。礼拜好像刚刚结束，神父正在院子里目送教徒们离开。

神父朝你轻轻点了点头，面无表情地小声嘀咕起来：

“骇人听闻的事情又一次发生了……”

“是啊……詹姆斯先生平时常来教堂吗？”

“不，他只在过节时来，不过他总是无偿为教堂修理隔扇，他总说，怎么能向神明收费呢……”

去往生室　→　前往　421

去礼拜堂　→　前往　11

去墓地　→　前往　340

103 ↰30

公告栏上罗列着尚未归还的图书。

> 下列图书已超过借阅期限，请尽快归还。
> 《变得更健康的 100 种方法》　米歇尔 · 皮斯科小姐借　逾期 13 天
> 《神奇的戒指》帕特菲 · 金先生借　逾期 8 天

《料理的精髓·爱情篇》　费利克斯·科恩先生借　逾期10天
《快乐解谜》　内莫·格拉帕先生借　逾期23天
《战争的历史》　迈克尔·普逵先生借　逾期2天

“《神奇的戒指》？和失窃的宝石是不是有关联呢？”

【请在线索E处填入“《神奇的戒指》”，并在线索E的编号处填入“8”。】

104

教堂里聚集着众多教徒。礼拜堂中，神父正在讲经，教徒们虔诚地聆听着。显然，现在无法进行调查。正当你在礼拜堂门口犹豫不决时，珠宝商帕特菲·金走进了教堂。

和帕特菲对话　→　前往　39

105

春末夏初的暖阳照在月之丘上，浅紫色的花朵纷纷绽放。

花朵周围，一群蝴蝶翩翩起舞，树林深处传来小鸟叽叽喳喳的鸣叫声。风和日丽，万里无云，微风送来青草和泥土的淡淡香气。

月之丘便是和平的象征。

登上月之丘 → 前往 203

调查线索 q、t、u → 前往 “105 + 线索 q、t、u 的编号之和”

106 ⮤350

请根据提示，补全马车时刻表。

上行 : 从马车总站到达拉尼钟楼；下行 : 从达拉尼钟楼到马车总站。

上行和下行的马车按各自的时间顺序发车。

上行和下行的马车不会在同一时间发车。

上行的马车发车时间早于下行的马车。

请找出 α 和 β 处的数字，然后前往编号为 α 和 β 之和的小节。

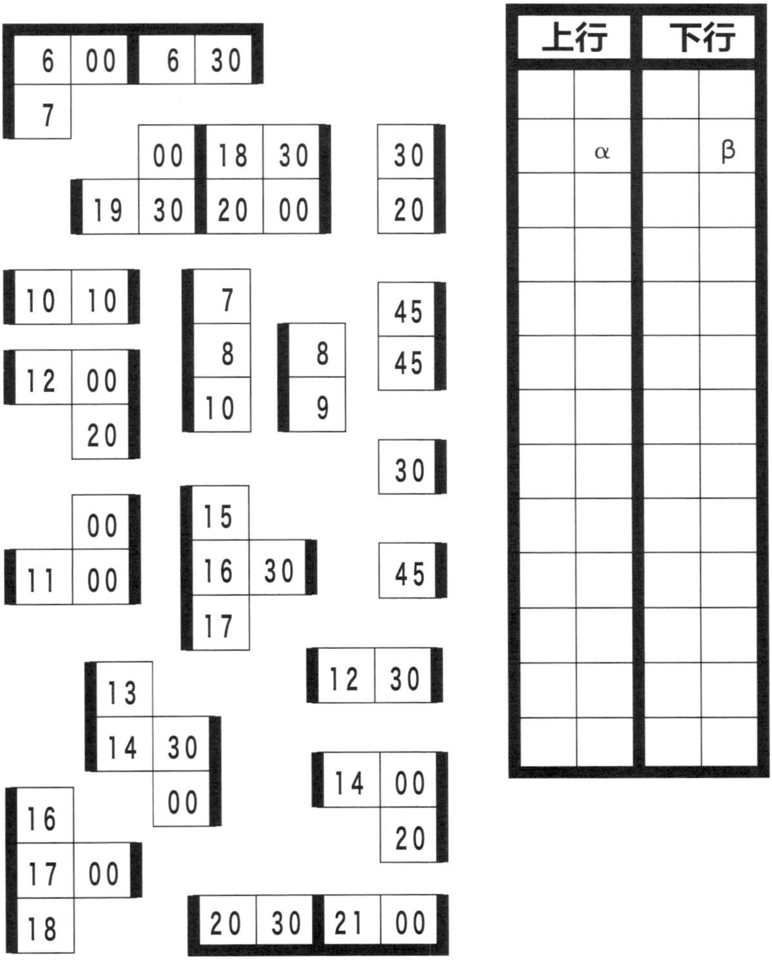

6	00	6	30
7			

	00	18	30
19	30	20	00

30
20

10	10

7
8
10

8
9

45
45

12	00
	20

30

	00
11	00

15	
16	30
17	

45

12	30

13	
14	30
	00

14	00
	20

16	
17	00
18	

20	30	21	00

上行		下行	
	α		β

107

你登上了月之丘，吹着凉爽的风。向北望去，钟楼巍然耸立。这宁静的景象让人难以相信村子里居然发生了连环杀人案。

调查线索 W → 前往 “107 + 线索 W 的编号”

108

⮤373

“发现宝石被盗的时候，这扇窗户是开着的吗？”

“窗户还是关着的，但是窗户上的锁被撬开了。那扇窗户平时几乎不打开。”

“我看报纸上写着，您是在昨晚 11 点左右发现宝石被偷的。当时应该在下雨，窗边被雨打湿了吗？”

“没有，窗边并没有被雨打湿。”

“昨晚大约 9 点开始下雨。要是怪盗在 9 点以后从这扇窗户进出，窗边应该会被雨水打湿。也就是说，作案时间在开始下雨之前。”

“我 8 点左右来这间房间时还没有发现任何异常。”

“这样说来，案发时间就在 8 点到 9 点之间。我们来揪出在这个时间段里、从这扇窗户逃走的怪盗吧。”

【请在线索 F 处填入“作案时间”，并在线索 F 的编号处填入“20”。】

109

↰114

“我带您去找您孙女吧，您孙女家在哪儿？”

“你说什么？”

看来老婆婆有些耳背。你只好大声问：

“您孙女家在哪儿？”

“你不要这么大声，我听得见。我孙女家在……”

找到正确的路线 → 前往 213

110

你登上位于村子西边、被称为“月之丘”的小山丘，俯视整个村子。就在这和平的村子的某个地方，潜藏着偷走科尼亚克先生的宝石的怪盗八十八面相，还有残忍杀害了哈里·卡沙萨的狼人。

111

↰47

“对了，我记得书上说，在神殿里吟唱风之精灵的咒语，这里就会刮起怪物最讨厌的热风！现在只能姑且一试了！”

Vatwaurqajas zlaqangs → 前往 66

Kraws zlaqangs → 前往 406

Zadups zlaqangs → 前往 131

112

在月之丘上，你看到了杂技演员玛丽·库米思。她今天好像在村子里四处观光。

你看到玛丽的同时，她也发现了你。

“哎呀，侦探先生，居然在这里遇见你，真巧啊。乌克梅尔村真是个不错的地方呢。从这个山丘上望去，村子里各处的景色尽收眼底，真令人陶醉！”

看起来，玛丽十分喜欢月之丘，跟你夸个不停。

“接下来，我打算到教堂去看一看。村里的教堂虽然不太豪华，但似乎很有年代感，别有一番韵味。”

调查线索 N → 前往 “112 + 线索 N 的编号”

调查线索 R → 前往 “112 + 线索 R 的编号”

113

⮥148

你试着转动怀表的表把，没想到才转了一下，怀表的后盖就掉下来了。你捡起后盖，发现后盖背面刻着几个字——尼约德桥。

你离开钟楼，向尼约德桥走去。尼约德桥是乌克梅尔村第二古老的木桥。

“村民说弗里茨先生经常在维尔河附近散步，也许他对这座尼约德桥有特殊的感情。”

你走上尼约德桥，忽然发现桥上不知被谁刻了一串数字。

“1866、6、24，指的是1866年6月24日吧？这一天发生了什么？让我去图书馆看看，那里也许还存着当时的报纸。”

【请在线索e处填入“桥上的数字”，并在线索e的编号处填入“24”。】

114

穿过海德伦大街向月之丘走去，你在山脚看到一个孤零零的老婆婆拄着拐杖艰难地走着。

“老婆婆，您遇到什么麻烦了？”

“唉，我想去孙女家，结果迷路了……”

帮助老婆婆 → 前往 109

不管她 → 前往 399

115

↩58

你弓着身子，将手伸到书柜下面，你的指尖摸到了一片金属片。费了一番功夫后，你终于把它掏了出来。

那是波利娜曾经戴在身上的A字形胸针。

“A？这真的只代表波利娜的姓氏——阿拉克吗？”

116 ↰302

“请问发生什么事了？”

“最近总有个奇怪的男人在附近转来转去。”

“奇怪的男人？”

“没错。他身材魁梧，光看眼神就知道不是等闲之辈，我猜他是军人。真讨厌啊，感觉这个和平的村子很快就要卷入战争了。”

询问客人的信息 → 前往 276

调查线索 N → 前往 “116 + 线索 N 的编号”

117 ↰157

“你昨天好像不在店里。”

“不可以吗？”

“不是，不过请问你到哪里去了？”

“我昨天关了店铺，一整天都在村子里散步。有什么问题吗？”

“这样啊……”

118 ↰248

水之精灵出现在大海的波涛间。它是海边小镇和港口的守护精灵，因此很受当地居民尊敬。它看上去像一位美丽的

女子。传说中，水之精灵会假意和渔夫恋爱，借机将其诛杀。

119

↰355

“这幅画为什么会挂在这家餐厅里呢？”

“谁知道呢。但有些老顾客也许知道些什么吧。”

“老顾客？”

“比如内莫村长。”

120

↰107

夜晚，你潜伏在月之丘平缓坡面上的灌木丛里。在山顶附近，一个身材魁梧的人已等候多时了。那人应该就是迈克尔·普逵。

过了一会儿，另一个人从另一侧的山坡走了过来。

你躲在灌木丛的阴影中，看清来人后，你差点儿没忍住惊叫出声。

看清来人 → 前往 337

121 ⮤ 285

“这座钟楼可真气派啊。”

“……”

“机械人偶的动作看起来有些不同寻常。”

“是吗？”

“我能近距离观察一下吗？”

“你可以上 3 楼去看看，那儿有窗户，你能清楚地看到机械人偶。”

122 ⮤ 57

“虽然保护了‘孔雀’，但我没能抓住怪盗……”

“没关系，平安无事比什么都重要。唉，怪盗和狼人接二

连三地出现，这个村子以后会变成什么样啊……”

“请您振作起来，我一定会侦破这些案件的。”

村长的状态看起来还是非常糟糕。他闭着眼，只微微点了点头。

123 ↰354

“你怎么看起来忧心忡忡的？是发生什么事了吗？”

“啊，没什么大事。就是刚刚驾驶马车的时候，在月之丘附近看到一位迷路的老婆婆。我有点儿担心，但是车上还有乘客，我也不能把马车停下来去帮她。”

“原来如此。我们一起去那儿看看吧。”

“十分抱歉，按照时刻表，马车又该出发了，我实在脱不开身。”

“没事。帕斯卡先生，你真是个善良的人。”

124 ↰327

“玛丽小姐，你在马戏团都表演些什么？”

“各种项目，比如说踩球、走钢丝，还有戴着手铐从箱子里逃脱之类的……”

“道具是由你们自己保管的吗？”

“小道具都是由我们自己保管的，毕竟平时练习时常常会用到。”

询问关于从箱子里逃脱的信息　→　前往　392

125

门卫将你带到了一间存放着许多鸟类标本的房间。

科尼亚克先生沉默地坐在里面，看样子，他已经对找回“被囚禁的苹果”不抱希望了。

“你居然将真正的村长平安无事地送了回来，真令我刮目相看！”

科尼亚克先生请你享用了一顿豪华大餐。

询问关于女巫的信息　→　前往　319

调查线索 r　→　前往　“125 + 线索 r 的编号”

126

↰71

“波利娜好像在暗中观察最近来到村里的军人迈克尔·普逵的动向，村长您知道吗？”

“不知道是不是与这件事有关，我去领养这 3 只狗的时候，黑狗咬住桌上的这本笔记本不放，于是我把它一起带回来了。”

“笔记本？”

“就是这个，我还没看过。”

村长伸手把放在旁边的黑色笔记本拿了过来，交到你手

中。笔记本里夹着一张纸，纸上写着这样一段话。

“这是波多卢奇王国军队的最高机密。我们要找出作战计划，将它公之于众。只要民众奋起反抗，战争很快就会结束。”

这是波利娜写的吗？

打开黑色笔记本 → 前往 99

127

科尼亚克先生带你来到客厅。然后，他舒服地陷在富有光泽的单人皮沙发里，拿起卷烟，开始吞云吐雾。这里和收藏室一样，摆放着许多动物标本，其中鸟类标本居多。

和科尼亚克先生交谈 → 前往 294

了解标本 → 前往 301

调查线索 Y → 前往 “127 + 线索 Y 的编号”

128 ⮤196

无名指代表“平静”。

你是否有过因极度紧张或毫无缘由的焦虑而无法发挥出正常水平的经历呢？遇到这种情况时，在右手无名指上戴戒指吧。戴上戒指之后你会感受到内心的宁静，变得沉着冷静。试试看，这样做的效果一定会令你惊叹。

然而，突然放松下来可能会让人犯困，请务必注意。

与无名指有关的幸运数字是 34。

129

你洗出了这样两张照片。其中一张拍的是一座墓碑，墓碑上刻着复杂的图案，另一张拍的似乎是古书中的某一页，记录了不同符号的象征意义。

请从照片（见下页）中寻找线索，然后前往线索包含的数字对应的小节。

130

科尼亚克宅邸的守门人用充满防备的眼神打量着你，当得知你是侦探之后，他立刻露出了亲切的笑容。

“里面请，科尼亚克先生已经在屋里恭候多时了。”

守门人为你带路，你和他沿着长长的走廊一路向前。

光是豪华的家具、墙上挂着的名贵画作以及装饰品，就足以体现出科尼亚克先生是个超级大富豪。在这座民风淳朴的村庄里，他多少显得有些格格不入。

与其他房间相比，走廊最深处的房间更加豪华。项链、戒指等流光溢彩，房间里还挂着许多鸟类标本。看样子，这里是一间收藏室。

留着绅士标志性的八字胡、身材矮小又有些微胖的科尼亚克先生慌慌张张地出来迎接你。

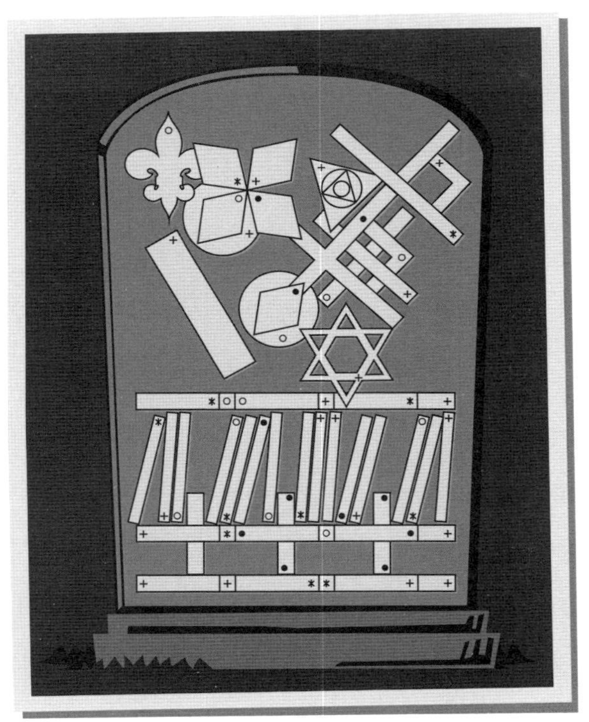

“侦探先生，你来得正是时候，我的宝石被人偷走了！”

“别着急，科尼亚克先生。我从今天早上的报纸上看到了宝石被盗的消息，是一个自称‘怪盗八十八面相’的家伙干的……”

“你说得一点儿没错。这就是那个家伙留下的卡片。”

科尼亚克先生摸了摸他引以为傲的八字胡，递给你一张小卡片。

阅读卡片上的内容 → 前往 244

131 ⮤111

“Zadups zlaqangs！”

你大声喊出这句精灵语。

然而，除了一阵温暖的风拂过你的脸颊，没有任何变化。

狼人以迅猛的攻势向你袭来。

游戏结束。

132

“现在有什么进展了吗？”

“怪盗好像朝梅尔格池塘的方向逃跑了。很遗憾，我目前对其他消息一无所知。”

“可恶的怪盗！都怪那家伙，连选美大赛也被迫中止了！”

科尼亚克先生将手中的烟狠狠地按灭在烟灰缸里。

打听科尼亚克家是否有异常 → 前往 234

打听战争的相关消息 → 前往 221

调查线索 L → 前往 “132 + 线索 L 的编号”

133

↰93

报纸上写着今天的日落时间是 19 点。你望向西边的天空，看到太阳露出地面的部分已所剩无几。你目不转睛地盯着落日，直到它彻底消失。现在应该 19 点了。

然而，钟声并没有响起。你抬头望向钟，发现指针竟依然指向 18 点 30 分。

你大吃一惊。

弗里茨 · 基尔希被杀害后，尸体被吊在钟上。也许尸体的重量影响了齿轮的转动，使钟显示的时间出现了误差。

“从 5 月 13 日晚上开始，钟显示的时间就晚了 30 分钟。毋庸置疑，根据钟显示的时间驾车的帕斯卡在第二天，也就是 14 日，驾驶的马车都晚了 30 分钟才发车！而杰瑞研究员平时都通过手表看时间，他手表上的时间和帕斯卡马车的发车时间有 30 分钟的时差。”

你立刻将这件事告诉了内莫村长。曾担任钟楼管理员的村长时隔数十年后，再次对齿轮进行了调整，将时间修正了

过来。

【请在线索 u 处填入“钟显示的时间是错的”，并在线索 u 的编号处填入“30”。】

【请在重要信息栏 30 中填入“马车在 5 月 14 日延误了 30 分钟”。】

134

“侦探先生，你的调查进展如何？”

科尼亚克关切地询问道。

调查线索 l → 前往 “134 + 线索 l 的编号”

未获得线索 l → 前往 179

135

当你来到梅斯卡修理店时，正巧看到詹姆斯 · 梅斯卡的妻子尤玛在往墙上贴东西。

尤玛 · 梅斯卡手工坊

“尤玛女士，你好！”

“哎呀，这不是侦探先生吗？我打算开一家手工坊，正在做准备工作。”

“你很擅长做针线活儿，开手工坊很适合你。”

“我结婚之前就是靠这门手艺赚钱的。詹姆斯一定也不希望我再这样消沉下去。”

136 ↰202

“占卜结果怎么样？”

你小声问安娜，安娜也压低声音回答你：

“昨天晚上9点左右，我在屋里大喊了一声‘我要占卜！’，可是无事发生，我就去睡觉了。结果我做了一个奇怪的梦，梦见自己被熊熊烈火包围，明明是在梦里，我却真实感受到那种灼热。没想到，火焰居然对我说话了，它说能告诉我一个村民的真实身份！于是……”

“你占卜了谁？”

“埃尔希女士！”

“你是说图书管理员埃尔希·拉基亚？”

“没错！因为她虽然很温柔，却长着一张魔女般的脸，不是吗？”

“结果呢？”

“一想到要对埃尔希女士进行占卜，我就立刻被火焰吞噬了，但我毫发无伤。”

“也就是说……”

“埃尔希女士是人类！不会错的。”

137

就在前天，詹姆斯还颇有活力地在店里做着修理工作，如今，他的店门窗紧闭，鸦雀无声。

只有 2 楼詹姆斯妻子的房间里，一盏煤油灯还在闪着微弱的光。

138 ⮤12

“你最近在研究些什么呢？”

“啊……那个，我在调查梅尔格池塘的水质。”

“梅尔格池塘里的水看起来不是很干净吗？”

“是啊，只不过池水的酸度和含糖量都很高。”

“那这酸甜的池水会不会把精灵吸引过来呀？”

“精灵？哈哈。你去见过图书馆的埃尔希女士了吗？不知道她会不会为你提供帮助。”

“埃尔希女士怎么了？”

“怎么说呢，她说她见过精灵。她喜欢胡说八道，你要多加注意呀。”

“这样啊……”

“哎呀，不说那些无关紧要的事情了。话说，你要不要看看耗费了我很多心血的发明？来，请吧。”

说着，杰瑞研究员带你来到另一间房间。那里摆放着一个巨大的、张着形状奇异的翅膀的鸟模型。

“就是这个。这里面安装了蒸汽压缩推进装置，它能够拍打翅膀、飞上天去。我给它起名为乌佐扑翼机！”

“这可真是太厉害了！里面能坐 2 个人呢，它现在能飞上天吗？”

“不，现在还没到那一步，但我马上就能操纵它在天上飞啦！很了不起吧？”

139 ⮤112

“玛丽小姐，请问你穿多大码的鞋？”

“24 码，怎么了？”

“我找到了一只鞋，它很可能是扰乱村子治安的怪盗留下的。以防万一，我需要和你确认一下。”

“那只鞋多大码？”

“27 码。”

“我的脚才没那么大呢！”

140

当你走进修理店时，詹姆斯·梅斯卡正在门口，他一边吹口哨一边修理缰绳。

“你好。”

“好了，只剩这里了。啊，原来是这边的锁链断了呀！”

他沉迷于修理，好像没有注意到你。

“抱歉，百忙之中打扰了。”

“啊，你好。糟了，我这是把零件给弄坏了吗？”

“你正在修理缰绳吗？”

“对，是马车夫帕斯卡拜托我的，他十分在意这根缰绳。他要得很急，我恐怕没有时间和你聊天。”

看来在詹姆斯修好缰绳之前，你是没办法向他问话了。

帮他一起修理 → 前往 290

拜托他帮你修怀表 → 前往 416

调查线索 D → 前往 “140 + 线索 D 的编号”

141

↰ 70

帕特菲又一次将咖啡杯送到嘴边。

从窗户射入的阳光照在他端着杯子的右手上，你看到他

中指戴着的戒指反射出耀眼的光。

142

昨晚 7 点，詹姆斯・梅斯卡说有东西要修理，一头扎进了自己的房间。晚上 11 点，来给他送夜宵的妻子尤玛发现他浑身是血，倒在地上。

“7 点到 11 点之间……要想收集这段特定时间每个人的不在场证明，似乎有些困难……”

安慰了哭个不停的尤玛后，你进了詹姆斯的房间。

去詹姆斯的房间 → 前往 376

143

↰183

“你有哪些兴趣爱好？”

“兴趣爱好？拍照可以算一个。我最近刚在达盖尔相机专卖店买了一台二手相机。啊，说到这个……”

“怎么了？”

“被杀害的那个人，叫什么来着？啊，哈里先生。哈里先生以前经常举着相机在村里到处转悠，但是最近他的相机可能出了故障，因为没见他带在身边。”说着，她打了个哈欠。

144

你又一次来到梅斯卡修理店。走进詹姆斯的房间，你看到桌子已经被收拾得干干净净，之前放在上面的烛台和天平全都不见了。

查看橱柜 → 前往 326

查看书架 → 前往 286

145

⮥426

“旅店的房间今天都住满了吗？”

“托您的福，都住满了。我们旅店很小，只有两间客房。”

“可以给我看一眼旅客登记簿吗？”

“既然是侦探先生的请求，我当然会配合。我会尽力帮助您进行调查的！”

说完，玛尔戈将旅客登记簿递到了你手中。她的右手食指戴着戒指。

你在登记簿上看到了如下记录。

5月3日
玛丽·库米思入住“猫之房间”
5月4日
埃德加·罗斯入住“猫头鹰之房间”

“玛丽小姐是来观光的，而埃德加先生是途经此地，在这里暂住的。”

去 1 楼的“猫之房间” → 前往 327

去 2 楼的“猫头鹰之房间” → 前往 45

146 ↰362

“詹姆斯是个很能干的人。他修理东西自然不在话下，就连每半年一次的下水道清理工作也都是他带领村里的青年们完成的。”

147 ↰285

你走出管理室，踏上旋转楼梯。

2 楼的走廊呈 L 形，在拐角处右拐，你看到左手边有 3 扇窗户，每两扇窗户之间的距离都相等。从窗户望出去，整座村庄尽收眼底，还能远远望见纳玛山的山脊。

你继续向前走，看到走廊尽头的右侧有一扇门，门牌上面写着三个大字：

钟摆房

门似乎上了锁，打不开。

去钟楼 3 楼 → 前往 188

148

↰ 305

你觉得怀表中应该藏着重要信息。

转动表把 → 前往 113

149

↰ 88

卷纸内侧写着如下文字：

> 两两成对的，通通抹掉
> 曾有历 31 大个年 5 兵王 0 岁左 2 史 9 右 7 的家军连奇人，在 4 月隔 8 村连 7 子兵里制家手造 9 王 4 新 8 手 2 留型武奇 7 留器隔历曾 43 史年 47 大月

请破译密码，并前往密文包含的数字对应的小节。

150

↰ 160

店内放着茶几、椅子和一张很大的桌子，桌子上摆满了戒指、项链等各种珠宝首饰。虽然作为一家珠宝店，这里略显质朴，但却给人一种值得信赖的感觉。房间和家具本身都有些陈旧，但是经过了精心打理，看上去很干净。

帕特菲在窗边的一把椅子上坐了下来。

这把椅子从靠背到椅腿都雕满了精致的花纹，弧度恰到好处的扶手支撑着帕特菲的手腕。

茶几上的咖啡冒着腾腾热气，一本书摊在旁边，看样子他刚才正在阅读这本书。

“我只摆放真品。所以如你所见，珠宝的数量并不多。”

说着，帕特菲喝了一口咖啡，合上了书。书的封底上印着乌克梅尔图书馆的藏书印。

“正好，我进了一批非常棒的红宝石戒指，宝石颜色鲜艳，纯度非常高，是产自纳玛山的上品。这种戒指的形状十分罕见，要买一枚吗？”

观察戒指的形状 → 前往 70

151 ↰327

“你觉得达拉尼钟楼怎么样？”

“那真是座相当棒的钟楼！每到整点，机械人偶就会从钟楼的小木屋里出来报时，实在太有意思了！”

152 ↰112

“你昨天见过一只黑色的狗吗？”

“黑色的狗？我想起来了，昨天我在旅店里休息，大概 16

点时，看到一只黑色的狗有气无力地走了过去。”

“它朝哪边走了？”

“它沿着凯特西大街走到旅店门口，拐了个弯，又沿着莉莉丝大街向南走了。”

【请在线索O处填入“哈提的踪迹1”，并在线索O的编号处填入“16”。】

153 ↰127

“科尼亚克先生，关于大家最近都在讨论的精灵，您知道些什么吗？”

“精灵？很可惜我没见过精灵，不过埃尔希以前和精灵一起拍过照。”

“图书管理员埃尔希女士吗？”

“嗯。那时候我年纪还很小，当时村里人都说埃尔希是个骗子，但我是相信她的。要是在15世纪，埃尔希估计就要被人当成女巫处决了。”

154 ↰125

“科尼亚克先生，看来您真的很喜欢鸟。”

“没错。如你所见，我家里的鸟类标本数量相当可观。”

“说到鸟，您首先会想到哪种呢？”

“在这个村子里提到鸟的话，人们首先想到的是孔雀。”

155

“你每天都往这里跑，真够烦人的。”

说着，帕特菲在窗边的椅子上坐了下来。

“你到底想干什么？从我这里可打听不到任何关于狼人的消息，毕竟我可是善良的村民啊！”

询问应该把“孔雀”还到哪里去 → 前往 243

156

⮤116

“昨天，波利娜的爱犬哈提走丢了。玛尔戈女士，你见过它吗？”

“哈提是那条黑色的狗吧？我没见过。”

157

“怎么又是你小子？预约了再来！”

帕特菲说罢就要关上大门，你赶紧拦住他。

“我在调查狼人！拜托，请助我一臂之力！”

“哼！真让人伤脑筋。”

询问帕特菲昨天去了什么地方 → 前往 117

和帕特菲交谈 → 前往 271

了解关于古书的信息 → 前往 171

158 ↩ 45

↩ 45

“昨天夜里，附近发生了一起杀人案，你知道吗？”

“嗯，当然知道。晚上，我在房间里无所事事，11 点左右突然听到了男性的惨叫声，于是急忙从那扇窗户望了出去。”

埃德加指了指朝着小巷的那扇窗户。他的右手无名指戴着一枚戒指。

“我低头看去，看到一名男子凄惨地倒在地上……”

埃德加的脸色变得惨白。

159

↩ 401

你从房间角落的地板上捡起那个发光的东西——是一枚 5 拉兹硬币。

“这里为什么会有 5 拉兹硬币呢？”

你仔细观察手中的硬币。

5 拉兹硬币和其他硬币不同，它的中央有一个孔。硬币上刻着象征波多卢奇发达的农业的稻穗，硬币边缘还刻着锯齿状图案来象征齿轮。

160

金氏珠宝位于皮斯汉德大街的尽头。店铺虽小，却很整洁，装修也显得很有品位。

你敲了敲门。过了一会儿，门微微开了一条缝，倏地冒出一张男人的脸。

这个紧紧盯着你的男人，就是珠宝商帕特菲·金。

“有事吗？”

“你好，我是一名私家侦探……”

“你找我有什么事？”

“那个……我有些事情想跟你打听打听。”

“行吧。一般情况下，没有预约是不能进店的，但毕竟发生了那样的事，我就破例让你进来吧。”

说完，帕特菲打开了门。

进入金氏珠宝 → 前往 150

161 ↰259

要是轻举妄动，可能更容易被狼人击杀。你集中注意力，等待时机。

然而，你刚感受到令人战栗的杀气，还没来得及做出反应，狼人便以惊人的速度向你袭来……

游戏结束。

162

你敲了敲金氏珠宝的大门，然而无人应答。你绕到店门的右手边，从窗户往里看。店里黑漆漆的，不像有人的样子。你又敲了一次门，并试着转动把手，但门被锁住了，打不开。

看来帕特菲并不在店里。

163

↰105

夜里，你登上月之丘，望向月光下的达拉尼钟楼。

月亮升到最高处的时间是 22 点。还有 5 分钟就到时间了。

周围笼罩在一片寂静之中。你低下头，月光将你的影子清晰地印在银白色的地面上。突然，你发现另一个影子叠在了你的影子上。

你惊慌地转过头，看到一只浑身长满长毛的怪物正站在那里，一双血红的眼睛虎视眈眈。

是狼人！

调查线索 x → 前往 “163 + 线索 x 的编号”

未获得线索 x → 前往 87

164

店里黑漆漆的，店门紧锁，看来帕特菲不在店里。

165

你来到了钟楼管理室。

距离弗里茨·基尔希遇害还不到两天，钥匙架上却已经结了蜘蛛网。

钥匙架上挂着 2 楼的钟摆房和 3 楼的齿轮房的钥匙。

“是神父把弗里茨先生衣服口袋里的钥匙放回来了吧。”

你取下钥匙。

从外面观察钟楼　→　前往　93

去钟摆房　→　前往　89

去齿轮房　→　前往　401

166

⮤ 225

“钟楼出现故障？”

“这件事给我留下了很深的印象。弗里茨离开了钟楼，好在内莫村长年轻时也当过钟楼管理员，所以代替弗里茨调整了钟楼的齿轮。”

“那天出生的婴儿呢？”

埃尔希的脸色突然变了，她悲伤地叹了口气，说道：

“那个孩子啊，出生不久就被拐走了，弗里茨的太太因此伤心过度，去世了。虽然弗里茨拼尽全力想找回那个孩子，但无论如何都找不到。大概就是从那时起，弗里茨变孤僻了。”

【请在线索f处填入“弗里茨和他的孩子”，并在线索f的编号处填入“34”。】

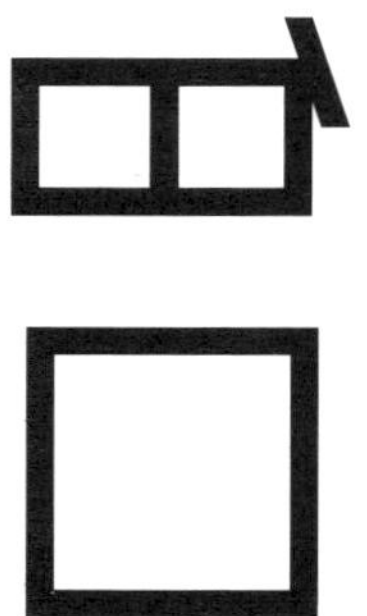

167

在天气晴朗的日子，从远处眺望钟楼，人们会发现钟楼青色的顶部和蓝天白云构成了一幅美丽的水彩画。走近钟楼后，门上方精致的雕花窗户，以及楼顶“横看成岭侧成峰”的装饰品，都让人百看不厌。

进入钟楼 → 前往 02

调查线索c → 前往 “167+线索c的编号”

168 ↰196

大拇指代表“信念”。

要想坚定信念，请将戒指戴在右手大拇指上。人们常常下定决心要做某件事，但随着时间的流逝，谁都有可能动摇。这种时候，将戒指戴在大拇指上，你的内心就会像牢牢扎根在土里的树一样坚定，无论遇到怎样的困难，你都能将信念贯彻到底，找到解决问题的方法。不过，贯彻信念并不等同于一意孤行，请务必注意。

与大拇指有关的幸运数字是 28。

169

⮥337

你想听得更清楚一些，但他们的声音太小了。

要是再往前就太危险了。过了一会儿，两人结束了交谈，分别朝着相反的方向离去了。军人迈克尔·普逵朝你藏身的灌木丛走了过来，再这样下去，你很快就要被他发现了！

来不及思索，你从灌木丛中飞奔而出，一溜烟地逃跑了。迈克尔愣了一下，立刻从怀中掏出手枪一通射击。

你朝着村子狂奔，终于摆脱了迈克尔。回到旅店后，你又累又怕，直接倒在了床上。

“刚才真是太危险了……但是杰瑞为什么会和军人迈克尔讨论狼人呢？”

170

在村子的西北角，巍然耸立在库丹大街尽头的就是达拉尼钟楼。

这座钟楼历史悠久，据说 14 世纪就建成了。

在古波多卢奇语中，“达拉尼”是“见证与记录”的意思。正如这个名字一般，钟楼在漫长的岁月里，见证了村民生活的点点滴滴。

村民从乌克梅尔村的任意一个角落都能望见达拉尼钟楼。

在这个村子里，任何人想知道现在几点时，都会抬头望向这座钟楼，这样，他就不需要一次次从口袋里掏出怀表来看时间了。

钟楼有3层。初建时，钟楼原本起着抵御外敌、监视周围环境的作用，但在这座和平的村庄里，这个功能早已被人们遗忘了。

钟楼的石头砌成的坚固外墙和高耸入云的尖顶给人带来极强的震撼感。每到整点时，雄浑的钟声便会响起，精致的机械人偶随之报时，逗村民一乐。

据说这个机械人偶是由15世纪的一名途经此地的工匠制作的。

你穿过钟楼的大门，向管理室走去。

去钟楼管理室 → 前往 285

171 ↰157

“你对女巫留下的古书有了解吗？”

“古书？如果你说的是那本从图书馆里的‘女巫’那里借来的‘古书’，今天早上我已经还了。我本以为书里写的是神话，便试着研究了一下，但实际上并不是。”

“那书里写了些什么呢？”

“算是预言吧。不知道这条信息对你有没有用，女巫和来村里旅行的工匠坠入了爱河。”

“那上面有没有写和石板有关的内容？”

“石板？我没有印象。”

172

弗里茨不在管理室里。你上了 2 楼，在走廊里碰到了从钟摆房里出来的弗里茨。

“怎么又是你？”

弗里茨从你面前走了过去，下了楼，走进管理室，一屁股坐在椅子上，摊开了报纸。

和他谈论报纸上的内容 → 前往 85

173 ↰48

捡到的纸片上写着如下内容：

“用大拇指和食指将小鸟捉住，让它展翅高飞吧。”

请在本书中找出隐藏信息，然后前往其中包含的数字对应的小节。

174

你穿过达拉尼钟楼的大门，可你再也见不到那个总是板着脸的弗里茨·基尔希了。当时惨烈的景象似乎仍在眼前。

“该死的狼人！先到昨晚的案发现场去看看吧。”

你爬上通往楼顶的梯子。

去楼顶 → 前往 305

175

波利娜·阿拉克生前是反战组织阿里斯托的间谍，她一定察觉到了杰瑞·乌佐研究员的计划。但她一定想不到，那竟是让狼人觉醒的计划。

你决定，侦破案件、从村里逃脱之后，一定要将这骇人听闻的狼人计划公之于众。

176

↰132

“科尼亚克先生，您了解女巫的墓碑吗？”

“女巫的墓碑？这和我失窃的宝石有什么关系吗？”

“不，这两者之间并没有关系。”

“我想想……以前我捐给图书馆的书里，好像有相关记载。”

“您还记得那是什么书吗？”

“我只记得那套书一共有三本，书脊上都有图案。”

【请在重要信息栏8中填入“科尼亚克先生捐赠的那套书一共有三本，书脊上都有图案”。】

177

昨天夜里你将哈提送回波利娜家时，波利娜还好好的。她将平安回到家的哈提紧紧抱在怀里，一次又一次地抚摸和怪盗勇敢斗争的它。谁想在那之后，仅仅过了几小时，她就被狼人袭击，遭遇不测。

报纸上说，波利娜养的3只狗暂时被村长收养了。

去波利娜的房间 → 前往 58

178 ⮤196

小指代表“自信”。

因缺乏自信而无法好好展现自我的人，请在右手小指上戴戒指。戴上戒指之后，你会发现自己自信满满，能够充分展现魅力。良好的反馈会促成良性循环。如果开头很顺利，整件事情就会向着积极的方向发展。戴在小指上的戒指能够为你带来自信，让你勇敢地迈出第一步。不过请注意，不要得意忘形。

与小指有关的幸运数字是 11。

179 ⮤134

“我很快就能抓到怪盗！”

“是吗？我很期待你的表现！”

180

养了 3 只狗的波利娜·阿拉克温柔地接待了突然造访的你。

波利娜看起来正准备外出。她头戴一顶深棕色的帽子，胸前别着一枚 A 字形胸针。

“在你要出门的时候突然来访，真是不好意思。”

“不要紧，毕竟发生了那样的事情，协助调查是每一个村民的义务。”

在你和波利娜寒暄时，她养的 3 只狗一直在你们脚边来

回追逐打闹。

虽然你想和她打听案件的相关情况，但波利娜能说会道，聊着聊着，话题就会偏离，她滔滔不绝地讲着爱犬们的故事。

称赞她的衣着　→　前往　92

调查线索 D　→　前往　“180 + 线索 D 的编号”

调查线索 H　→　前往　“180 + 线索 H 的编号”

181

↰353

“埃德加先生为什么要旅行呢？”

“为了寻找自己的双亲和出生的地方。我敢肯定，他们一定在波多卢奇地区的某个地方。”

“真不容易啊。但在这个地方很少有人姓罗斯，只要调查一下姓氏，应该很快就能找到吧？”

“其实罗斯不是我的真实姓氏，而是我仿照旅行之神罗泽斯的名字给自己起的。至于真正的姓氏，我自己也不知道。”

“那埃德加这个名字呢？”

“我小时候有一块手帕，上面绣着这个名字和一串数字，那串数字很可能是我的出生日期。我相信手帕是我母亲为我绣的。”

“那个日期是？”

“6 月 24 日。”

182

你摁响了波利娜家的门铃。来开门的波利娜脸色铁青，头发乱成一团，眼睛又红又肿。

波利娜情绪十分激动，仿佛失去了理智。你从她断断续续的话语中得知，她的爱犬哈提是昨天散步时不见的，之后再无音讯。喊叫了一通后，波利娜消沉起来，精疲力竭地瘫坐在沙发上。

“我可怜的哈提，现在可能已经饿死了……”

“别担心，只是一天没有进食，哈提不会有事的。”

“选美大赛也中止了……”

波利娜深深地叹了一口气。

帮波利娜寻找哈提 → 前往 61

调查线索 R → 前往 “182+ 线索 R 的编号”

183 ↰280

“你知道昨天的杀人事件吗？”

“我什么都不知道。吊桥断了真是太糟糕了，你的运气也太差了。”

“哈哈，我确实太不走运了。就这样被困在这个无聊的小村子里，真令人头疼啊。有没有什么有趣的事情能打发时间？”

“有趣的事情啊，让我想想……”

打听米歇尔的兴趣爱好 → 前往 143

184

波利娜家位于库丹大街，离村子中心很近。她家门口，村民们来来往往，呈现出一副热闹的景象。

然而，空无一人的家里一片寂静。

你站在门前，想着总是无忧无虑笑着的波利娜。

“只要人民奋起反抗，战争就能结束了吗？”你叹了口气。

3

185 ⮤386

你站在乌克梅尔广场边的一棵大树前。

“梅尔格池塘与月之丘中间——这里正好是它们的中间点。”

你抚摸着树的表面。这棵大树应该从女巫出生起就一直立在此处。你从树根开始挖了起来。传说中，女巫将预言刻在石板上时，正值猎巫运动兴起。如果有人知道了石板的存在，肯定会将它销毁。出于这样的顾虑，女巫把石板埋在了这里。你专心致志地挖着，终于瞧见了石板的一角。

挖出石板 → 前往 411

186 ⮤227

请用收集的玻璃碎片（见书页右边缘）将被打碎的另一物品复原，然后前往你看到的数字对应的小节。

187 ⮤352

“詹姆斯昨天傍晚特地来马车总站，把修理好的缰绳给我送了过来。”

帕斯卡轻轻抚摸着系在马嚼子上的缰绳，一脸悲伤。

“他的眼神一如既往带着光，一脸得意地对我说缰绳已经修好了，让我赶紧试一试。那么好的人，怎么就被杀害了呢……”

188 ↰147

你沿着旋转楼梯走上了 3 楼。

3 楼和 2 楼的构造一样，L 形走廊的一侧有 3 扇窗户，走廊尽头的右侧有一扇门。

这扇门似乎也上了锁，门牌上写着：

齿轮房

和2楼唯一的不同之处是，一架梯子靠在走廊尽头的墙上，似乎可以从那里爬上楼顶。天花板上有一个出口，但是出口被锁住了。

189 ↰89

“根据帕特菲讲的神话故事，项链‘孔雀’上的宝石可能原本是这个巨型机械人偶身上的东西……”

你试着把“孔雀”上的宝石嵌入人偶身上凹进去的部分，大小正合适。宝石放进去的时候可以旋转，但不能翻过来。

“原来怪盗说的是这个意思，我应该把‘孔雀’放回机械人偶身上。可是每块宝石的正确位置在哪里呢？咦，这是？”

你发现人偶背上刻着一行字。

“同一行或同一列中，最多有两只眼睛。”

请参照重要信息栏 26 和 27，将眼睛的图形分别放到方框

里正确的位置，把方框填满。眼睛对应的字会组成一句话，请前往其中的数字对应的小节。

来	返	☾	答	前	P
3	回	往	跳	↓	┘
├	编	翻	2	编	5
→	┬	8	号	┌	1
7	┤	／	¦	案	0
6	4	←	＼	╪	9

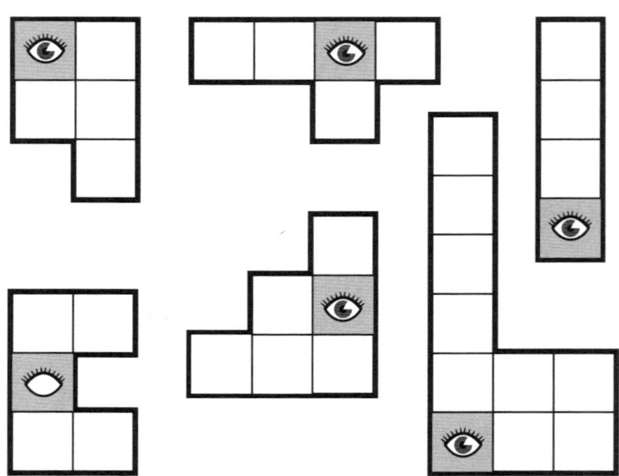

190

↰167

夜晚，你来到了钟楼。抬起头，只见被月光照成银白色

的钟楼巍然耸立。你紧张地咽了咽口水，走进了大门。

你点亮煤油灯，偷偷看了一眼漆黑的管理室，本应在这里值班的弗里茨·基尔希并不在。你转动门把手，门吱呀一声开了。

“这里没有上锁吗？”

你感到十分奇怪。走进管理室后，你用煤油灯照亮了桌面，看到上面放了一张纸。

“我在楼顶等你。”

是怪盗！他已经在楼顶等着你了。

你从钥匙架上取下钥匙，离开管理室，向楼顶走去。

去楼顶　→　前往　281

191　↰364

“你在读哪篇报道？”

“我在看乌克梅尔桥的修理计划，感觉进度有些慢。詹姆斯去世对村子来说是一个巨大的损失，毕竟他之前一力承担了村里的修缮工作。要是詹姆斯还活着，乌克梅尔桥应该很快就能修好。就连下水道的清扫工作也是詹姆斯组织村里的年轻人一起完成的。”

192 ↰220

往生室的门上挂着一把黄铜锁。要想打开这把锁，需要输入一个三位数的密码。

“谁能告诉我密码是多少？”

请前往开锁密码的数字对应的小节。

193 ↰45

你从“猫头鹰之房间”的窗户向小巷看去。

昏暗的小巷里只有一小部分能够被阳光照射到。那块被阳光照射到的地面上，有什么东西在闪闪发光。

“什么在发光？一会儿下楼去调查一下吧。”

从这扇窗户看出去，发光的东西在11点方向。

【请在线索A处填入“发光的东西”，并在线索A的编号处填入“11”。】

194 ↰252

“请问你在思考什么？”

“啊，没……也不是什么大不了的事情。”

杰瑞研究员说完，看向了你。

“我昨天去绵羊树桩餐厅吃午饭时，看到波利娜和一个男人在一起……”

“那个人是她的男朋友吗？”

“不，感觉不像男女朋友。和她吃饭的那个男人瘦瘦的，我在村子里从没见过他。两个人都把声音压得很低，鬼鬼祟祟的。没什么大不了的，我只是有点儿在意罢了。”

195

角笛咖啡馆最近推出的精灵套餐大受欢迎，销量倍增。

安娜已经忙得快要飞起来了。

“呼，让我喘口气……”

安娜在你对面坐了下来。

和安娜聊天 → 前往 208

询问占卜结果 → 前往 349

196 ↰78

戒指戴在右手不同手指上代表了不同的意义。

大拇指代表“信念”。 → 前往 168

食指代表“集中注意力”。 → 前往 267

中指代表“庇护”。 → 前往 335

无名指代表“平静”。 → 前往 128

小指代表“自信”。 → 前往 178

【将线索 D 对应的幸运数字填在其编号处。】

197

今天角笛咖啡馆的客人比以往都要多。

为了看精灵而来到梅尔格池塘边的人们，在回去前都会到角笛咖啡馆里坐一坐。

“感谢精灵！”安娜开开心心地端着蛋糕对你说。

和安娜交谈 → 前往 334

询问占卜结果 → 前往 268

调查线索 a → 前往 “197 + 线索 a 的编号”

198 ⮐ 336

“要找出狼人的真实身份，必须借助女巫的力量。真正的女巫可以通过占卜辨别某个人是不是狼人伪装的。

“我尝试寻找女巫的后代。随后，我在村子里发现了两份古老的族谱。虽然它们看上去都是女巫的族谱，但其中一份是假的。根据这两份族谱，在咖啡馆工作的女孩和在花店工作的女孩中，有一个是女巫的后代，而另一个则是狂人的后代。

“这两人都还不知道自己拥有超能力。女巫的后代会在看到某种暗号后觉醒，而狂人的后代也会在看到同样的暗号后觉醒。村子里的某个地方记载着这种暗号。”

下一页虽然被撕掉了，但从留下的痕迹来看，这里之前应该别着一枚曲别针。

【请在线索 J 处填入“女巫或狂人的后代”。分别向真假女巫打听她们喜欢的数字，然后在线索 J 的编号处填入这两个数字之和。】

【请在重要信息栏 1 中填入“找出狼人的真实身份必须借助女巫的力量”。】

【请在重要信息栏 2 中填入“女巫和狂人的后代都会在看到某种暗号后觉醒”。】

199

↰304

“报纸上写的侦探就是你吧？弗里茨先生居然被杀害了……”

玛尔戈一脸哀伤。

“弗里茨先生不善言辞，总是待在钟楼里，但每天中午会在维尔河河畔一个人吃饭。现在回想起来，他很寂寞啊。”

200

佩里顿大街两侧住宅很少，呈现出一派安静祥和的氛围。

角笛咖啡馆就在佩里顿大街的尽头。客人坐在咖啡馆最里面的位置能够看到梅尔格池塘。窗户都是大落地窗，客人可以呼吸到清新的空气。

等你落座后，服务员安娜·卡尔巴多斯为你端来一杯水。

“你是第一次来我们店里吗？”

“是的，我是一名私家侦探。”

“是吗？那么，你在调查昨天发生的案件吗？”

“对。请问哈里先生来过这里吗？”

“没有，他平时不怎么来这里……”

继续和安娜对话 → 前往 68

调查线索 I → 前往 “200 + 线索 I 的编号”

调查线索 B 和线索 C → 前往 “200 + 线索 B 的编号 × 线索 C 的编号”

201 ⮤34

“埃尔希女士，以前的旧报纸保存在图书馆里吗？”

“是的。你要什么时候的报纸？告诉我日期，我去找找。”

调查线索 e → 前往 “201 + 线索 e 的编号”

202

安娜将银托盘夹在腋下，倚着摆放蛋糕的陈列柜，看来今天她很闲。

“欢迎光临。今天的蛋糕套餐有优惠哟！”

“真不错，那就来一份你说的套餐吧。”

“多谢惠顾！难得在报纸上打了广告，却没有客人来店里。也许因为今天是工作日？再等等看吧！”

过了一会儿，安娜端来淋了红色果酱的芝士蛋糕和红茶。

聊聊蛋糕套餐 → 前往 398

询问关于女巫的信息 → 前往 05

询问关于咖啡馆的信息 → 前往 42

询问占卜结果 → 前往 136

203 ↰105

你登上了月之丘。

在山顶，你找到了一块怪异的石头，上面刻着数字“88”。

“这是？”

石头的背面贴着一封信。不用说，这肯定是怪盗八十八面相写给你的信。

侦探先生：

你果然如我所想，是个值得尊敬的对手。

你送回家的那个老婆婆是我假扮的，你的善良让我不禁感到良心不安。

在钟楼遭到狼人袭击后，我决定将“被囚禁的苹果”交给你，因为它是你调查时所必需的。我无法忍受那个凶残的狼人扰乱这座美丽的村庄。但是，直接还给你也挺无聊的，所以我就稍微花了点儿心思。怎么样，寻找“被囚禁的苹果”的过程还挺愉快的吧？

没想到，你居然看穿了我的真实身份。不得不说，这次冒险着实给我留下了深刻印象。后会有期。

怪盗八十八面相

204

周六傍晚，角笛咖啡馆生意兴隆。

安娜正忙着为客人端去饮料和甜点。你点了一杯咖啡后坐了下来。

和安娜对话 → 前往 239

询问占卜结果 → 前往 278

205 ↰180

“昨天晚上 8 点半左右，你在附近有没有看到可疑的人？”

“那时候我刚陪狗狗们散完步，正要往回走。不过，就在那边的小道上，平时一向很乖的哈提罕见地冲人叫了几声！”

“当时，哈提冲什么样的人叫了？”

“天色很暗，我也没怎么看清……不过，他先沿着基里姆大街朝广场的反方向走，然后在基里姆大街和佩里顿大街的交会处右拐，之后我就没再看到他。”

“你还记得准确的时间吗？”

“当时钟楼正好响起了半点的钟声。”

“是 8 点半对吧？非常感谢你，波利娜小姐。”

“不客气，都是小事儿。要不要喝杯咖啡再走？”

“那我就却之不恭了。”

【请在线索 I 处填入“逃跑路径 2”，并在线索 I 的编号处填入“30”。】

206 ↰248

土之精灵生活在人迹罕至的深山里，它们往往栖身于参天大树上。它们极富智慧、擅长冶炼。因为它们讨厌人类，所以很少被人看到，但近年来，有人声称曾在诺尼斯森林见过土之精灵。

207 ↰406

“谁在里面？！”

宝库里的声音离你更近了。

“打开这里……需要……暗号……”

声音断断续续地从厚实的墙壁后面传来，你很难通过模糊的说话声辨别出里面的人究竟是谁。

“暗号？喂——谁在里面？”

然而你没再得到任何回应。莫非说话的人昏过去了？

调查线索 m → 前往 “207 + 线索 m 的编号”

未获得线索 m → 前往 31

208 ↰195

“侦探先生，听说你把村长救出来了，真是立了大功呀！”

“哪里哪里，多亏了大家的帮助。”

“别谦虚啦！真正的村长应该知道不少关于女巫的事情吧？”

209 ↰182

哈提平安无事地回到了家，波利娜喜极而泣。

哈提一边一个劲儿地摇尾巴，一边帮波利娜舔掉眼泪。

“哈提立了大功！我找到它的时候，它嘴里叼着这个。”

你把哈提之前叼着的鞋拿给波利娜看。

查看鞋 → 前往 17

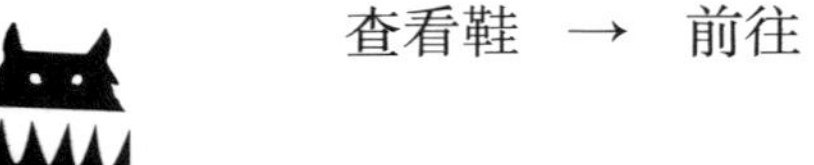

210 ↰02

“您之前和我说过，机械人偶是一名工匠途经此处时制造的，对吧？”

“没错。”

“那是什么时候的事情？”

“15 世纪中叶吧。”

“也就是女巫生活的时代？”

“哼，我不知道什么女巫。”

“那个人偶被做成男人的样子了吗？”

“是的，是个巨人。”

“巨人？”

“人偶好像是以神话中的巨人为原型制作的。具体情况我也不清楚，不如你去问问对神话很了解的人？”

【请在重要信息栏 18 中填入“机械人偶以神话中的巨人为原型”。】

211 ↰140

“不愧是每天都做修理工作的人。”

你一边感慨，一边偷偷瞥了一眼詹姆斯的手，他的右手没有佩戴任何饰品。

“话说，你平时会戴戒指之类的饰品吗？”

“不会。要是戴了那些东西，注意力就容易被它们吸引，

容易耽误工作。”

“有道理。”

212

⮤200

你对着安娜拍了 4 次手，眨了 3 次眼。

安娜突然变得茫然若失，然后，她兴奋地笑了起来：“好厉害！难道我是女巫的后代？”

“安娜小姐，擅自对你做了这些事，我很抱歉，但我需要借助你的能力，你可以助我一臂之力吗？”

“没问题！从今天晚上开始，我每天都会帮你占卜，确定一个村民的身份。我一定能帮你找出狼人！这真是太令人激动了！”

“这件事需要保密。要是被狼人知道了，你可能会有危险。”

“别担心，交给我吧。”

“话说回来，安娜小姐有喜欢的数字吗？”

“喜欢的数字？ 12！因为我是 12 号出生的。”

213

⮤109

“我都这把年纪了，只会沿着一条路一直往前走。出发不久会看到一座公园，这时向右转，在下一个丁字路口再右转……后面我就想不起来了，只记得但凡拐弯的路口都是丁字路口而非十字路口。对了，路上不多不少，一共会经过 3

座桥。”

请从起点出发，按正确的路线将老婆婆送到她孙女家中。将路线上出现的所有数字加起来，然后前往这个数字对应的小节。

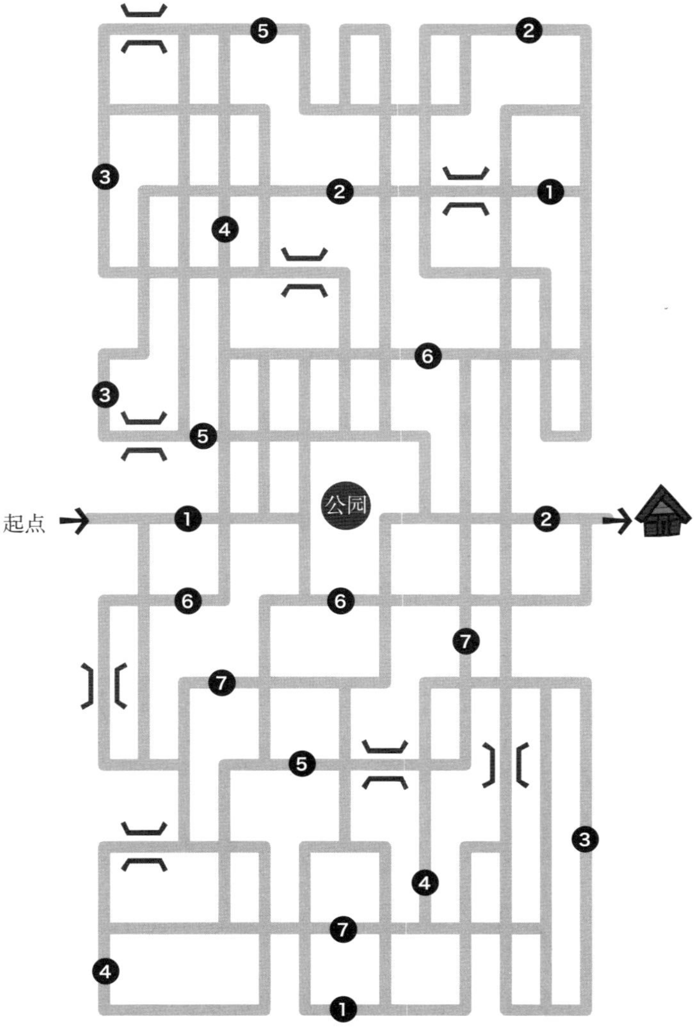

起点

公园

214 ↰207

“暗号？”

你想起怪盗告诉你的暗号，冲着门上的浮雕喊出了那句话：“翅膀快快张开吧！”

伴随着一阵低沉的响声，整座建筑摇晃了起来。浮雕上的精灵张开了翅膀，与此同时，大门缓缓打开了。

你赶紧向宝库奔去，只见一位老人倒在那里。

“村长！内莫村长！”

倒地的正是真正的内莫村长。你晃了晃村长的肩膀，他缓缓睁开了眼睛。

“我……我没事……我虽然已经70岁了，但身体一向很好。我只是因为太兴奋，有些头晕罢了。虽然不知道你是谁，但还是谢谢你……”

“村长，这里是？”

“这里是被遗忘的神殿的宝库，怪盗把我囚禁在这里。村里怎么样了？”

“村里……我们赶紧先回去吧。怎样才能回到村里呢？”

“挪动宝库里的一根柱子，古代地道的入口就会显现出来。地道和梅尔格池塘附近的下水道是连通的，怪盗就是这样在这里和村子之间来去自如的。”

“您知道怎么从下水道里出去吗？”

“知道。路线有点儿复杂，就由我来带路吧。”

【请在线索 n 处填入“真正的村长”，并在线索 n 的编号处填入“70”。】

挪动柱子进入地道 → 前往 26

215 ⮥27

你站在阅览室的书架前。

你要读哪本书?

选择《波多卢奇的精灵们》 → 前往 248

选择《花语辞典》 → 前往 423

216 ⮥313

你将红色的半个苹果留给自己，将蓝色的半个递给狼人。

“等等，把你的那半给我。”

“都是一样的。”

你们交换了苹果。

你咬了一口蓝色的苹果，狼人像被某种神秘的力量操纵了一般，也跟着你咬了一口红色的苹果。

这是多么诡异的场景啊。你和狼人在月之丘上面对面地吃着苹果，你觉得自己仿佛置身梦境。

狼人咽下苹果后，立刻开始东倒西歪，好像马上就要站

不住了。

狼人跪在地上，手中的苹果滚落在地，它为了保持清醒而扶着头。

“你……你在苹果里放了什么！”

在愤怒和痛苦之中，狼人露出骇人的表情。

这时，钟声从钟楼传来。

22 点了。

狼人摇晃着倒在地上，昏睡过去。

找出石板的位置　→　前往　386

217 ⮍12

你和杰瑞研究员道别后走出起居室，向玄关走去。

“不是那边！”

紧跟在你身后的杰瑞叫住了你。你有些惊讶地转过身去，看到他神情有些紧张。

“去玄关还要继续向前走，别拐错了。”

218 ⮍352

“帕斯卡先生，你喜欢吸烟？”

“嗯。不过，有些乘客特别讨厌烟味，所以我也就偶尔过过瘾罢了。那个喜欢养狗的波利娜就出了名的讨厌烟味。之

前，一个和她同乘的客人在那里吞云吐雾，结果她二话不说，直接把那人的烟给夺过来，然后丢了出去。”

219 ↰80

你的对手是个怪物，你觉得自己不可能有胜算。但是，如何才能从狼人手中成功逃脱呢？

而且这里是钟楼的楼顶，对逃跑十分不利。如果沿着长长的楼梯跑下楼，一定会被狼人追上，从背后扑倒。

在你犹豫的瞬间，狼人已经迅猛无比地扑了过来……

游戏结束。

220 ↰100

你沿着礼拜堂左侧的小道，一路向前，来到了往生室。

往生室周围，一股阴冷的气息挥之不去。门被锁住了。

突然，有人拍了拍你的肩膀。你吓了一跳，回头一看，原来是神父。

“抱歉，亲属之外的人不得入内。”

说完，神父面无表情地返回礼拜堂。

“神父真吓人……”

查看门上的锁 → 前往 192

追上神父和他搭话 → 前往 311

221

↰132

“科尼亚克先生，你原来是波多卢奇王国军队的士兵吧？”

“嗯，年轻的时候是。但是后来我对王国军队的做法不认同，便退伍了。”

“我听说奥尔维亚要进行军事演习，看来战争一时半会不会结束。”

“虽然战火还没有烧到这里，但城里的战事已经愈演愈烈了。没想到，就连这个一向和平的村子里也出现了残暴的狼人和狡诈的怪盗……这个世界真不安定啊。也就只能寄希望于那个叫阿里斯托的反战组织了。”

222

↰134

你将怪盗伪装成村长后潜伏在村子里，以及他在千钧一发之际逃脱的事一五一十地告诉了科尼亚克。

“你说什么?！内莫村长居然是怪盗假扮的？你是说，我的宝石找不回来了？”

“非常抱歉。”

科尼亚克无力地闭上眼睛，一副垂头丧气的样子。过了一会儿，他忽然睁开眼睛对你说：

“你本来是为了抓住狼人才来这里的吧？”

“是的。可狼人比我想象的狡猾得多。它毫不留情地杀人，却又几乎没留下任何痕迹。不，就算它留下些什么，我也很

难从这些蛛丝马迹中推断出它的真实身份。”

“我之前光顾着关心被盗走的宝石，没想到杀人事件居然会接二连三地发生。再这样下去，村里的人恐怕要被狼人杀光了。”

“我不会让那种事情发生，我一定会把狼人揪出来。科尼亚克先生，请您放心。”

“也是，现在我能做的也只有相信你了。”

科尼亚克从窗户望向钟楼。此时，钟楼的钟声正好响起，机械人偶出现了。

“你看那个机械人偶，它的表面似乎有些凹凸不平，这是为什么呢？”

科尼亚克不解地小声嘀咕。

223 ↰58

“《小狗的内心》《小狗喜爱的美食》《罗威纳犬》《送给爱犬的礼物》《遛狗时的我》……全都是关于狗的书啊。”

你拿起其中一本书读了起来。

你本以为会在书中看到可爱的小狗，没想到，书中的内容让你惊讶得瞪大了双眼。

“特殊部队，新武器，作战计划，索恩岛防线……”

你将其他书也尽数翻开，结果无一例外，全都是用打字机打出来的奇怪的文章。

打字机打出来的 K、F、P 三个字母好像有些不清楚。一时间，你的脑海中全是这三个字母，过了好一会儿你才恢复了清醒。

调查 K、F、P 这三个字母 → 前往 54

224 ⮤270

“可以告诉我参赛者都有谁吗？”

“留点儿悬念，明天你自然就知道啦！不过话说回来，你有想推荐的女孩吗？”

“我想想……角笛咖啡馆的安娜小姐怎么样？”

“其实大多数人都推荐了安娜，所以我亲自去邀请她了，没想到她郑重地拒绝了我。”

“这样啊。”

“没错。我给你透露一位参赛者——波利娜推荐了她的爱犬来参赛。”

“狗也能参加选美大赛吗？”

“虽然我和波利娜说狗不能参赛，但她用‘并没有明确规定狗不能参赛’反驳了我。狗来选美可是闻所未闻，哈哈！”

225 ⮤201

“我想借阅 1866 年 6 月 25 日的报纸。”

埃尔希记下日期，让你稍等片刻。没过多久，她就拿着一份泛黄的报纸回来了。

“就是这份。”她把报纸递给你。

阅读旧报纸（旧报纸位于本书最后） → 前往 166

226

↰272

“可以给我看看怪盗留下的信吗？”

“你看，就是这个，上面还写了些向你挑衅的话呢。”

“向我挑衅？”

村长从怀里掏出一张纸。你接过纸，发现上面画着一个奇怪的图形，还写着一些文字：

“今晚，我将‘取走’选美大赛的奖品——项链‘孔雀’。对了，村里好像多了一个无能的侦探。本来我随时都能出手，但既然侦探来了，我就借此机会，和那家伙比一比谁更厉害吧。侦探先生，有本事就保护好项链吧。”

“可恶的怪盗！村长，请您放心，我一定会想办法抓住怪盗。‘孔雀’现在放在哪里？”

“场地的帐篷里有个保险箱，‘孔雀’就放在里面。”

观察奇怪的图形 → 前往 72

227 ↰373

“请给我看一下展柜被打碎后掉落的玻璃碎片。”

科尼亚克先生叫来了女仆，吩咐她去把收拾起来的玻璃碎片拿过来。没过多久，女仆就把装在一个袋子里的碎片交给了你。

你仔细观察这些玻璃碎片，发现其中混杂着两种不同的玻璃。

“这里有两种厚度不同的玻璃碎片。”

“嗯？”

“除了展柜，还有其他玻璃制品也碎了吧？请将这种比展柜的碎片薄一些的碎片也收集起来吧。”

收集碎片 → 前往 186

228 ↰360

你点了一杯咖啡，随后让服务员将费利克斯请过来。

没过多久，一个穿着厨师服的年轻人从厨房里走了出来，毕恭毕敬地向你鞠了一躬。他就是费利克斯·科恩。

你先做了一番自我介绍，然后对突然请他出来一事表达了歉意。

“没关系，我正好要休息一会儿。”

说着，费利克斯摘下厨师帽，向你微微一笑。

你向他询问关于昨晚来餐厅的哈里·卡沙萨的情况。

“哈里先生经常光顾本店，所以看到今天早上的新闻后，我吓了一跳。昨天他像往常一样，晚上 7 点多来到餐厅，点了土豆饼和红酒。从很早的时候开始，他就对挂在那边的画很感兴趣。昨天他有点儿醉意，一边盯着画，一边嘟囔着‘行为’‘觉醒’之类的词。没想到后来竟会发生这样的事……”

询问关于画的信息 → 前往 381

查看挂画 → 前往 19

229 ↰ 361

第二天一大早，你被埋葬在乌克梅尔村的墓地里。但你并不孤单，因为很快，整个村子的人都将被狼人无情杀害。

游戏结束。

230 ↰ 200

“对了，昨晚我在工作时，听到从梅尔格池塘那边传来咯噔咯噔的声音，当时应该是 8 点 40 分左右。我还以为传说中的精灵出现了呢。”

怪盗似乎就是在梅尔格池塘附近销声匿迹的。

“怪盗擅长伪装，他一定是在梅尔格池塘周围的树丛的掩护下，乔装打扮成了村子里的某个人……吊桥断了，他一定

无法离开这个村子！”

【请在重要信息栏4中填入“怪盗逃到了梅尔格池塘附近”。】

231 ↰302

你敲响了“猫之房间”的门，但是没得到任何回应。你试着转了转门把手，发现门被锁住了。看到你不知所措地站在“猫之房间”门口，玛尔戈隔着柜台对你说：

“玛丽今天一大早就出门了，说她要去月之丘。”

232 ↰27

“今天有什么有趣的新闻吗？”

“今天的报纸可有意思了！来来来，侦探先生，快看这里。”

埃尔希用手指了指上面的报道：

“就是这篇，对精灵目击者的采访。”

“目击者是鞋店的米歇尔，对吧？”

“没错！话说，你相信世界上有精灵吗？”

“嗯，我相信。”

调查线索 Y → 前往 “232＋线索 Y 的编号”

233 ↰322

“昨天你占卜成功了吗？”

“嗯，成功了。现在回想起来还是觉得很不可思议……晚上我上床休息后，虽然闭着眼，但眼前逐渐变得明亮起来。不知何时，我身处一个洁白的空间里，丝毫感受不到不安或恐惧。走了一小会儿后，前面出现了一团耀眼的光芒，光芒说，能告诉我一个村民的真实身份。”

“所以你占卜了谁？”

“米歇尔。”

“米歇尔？你是说在鞋店工作的米歇尔·皮斯科吗？”

“是的。我一边在脑海里回想米歇尔的样子，一边慢慢向那团光芒伸出手。我触摸到它之后，便感觉自己进入了米歇尔的内心。她的内心悠然自得而又十分温柔。”

“也就是说……”

“米歇尔不是狼人，只是一个普通的女孩。”

234 ↩132

“那之后发生过什么奇怪的事情吗？”

“没什么特别的。我现在就希望你能尽快把我的宝石找回来！”

235 ↩295

“您看今天早上的报纸了吗？报纸上说村里流传下来的民间故事整理好了。说起来，我小时候经常缠着妈妈，让她给

我讲故事呢。村子里流传着各种各样的传说，我每天都会听到不一样的故事。”

“你对什么样的故事印象比较深刻？”

“我想想……我喜欢的都是些不可思议的故事，比如说巨人啊，苹果啊……但具体内容我一个字都想不起来了。”

236

↰30

“你好，我是一名侦探。可以问你一些问题吗？”

听到你这么说，埃尔希的喜悦之情溢于言表。

“早说呀！你说你是侦探？真令人激动。我平时总是一个人待着，可无聊了。”

在阅览室里看书的青年朝前台这边瞪了一眼。

“可惜，这里只能小声说话……”

说着，埃尔希竖起食指放到嘴边。你看到她右手的中指戴着一枚小小的戒指。

“嗯……被杀害的哈里先生经常来这里吗？”

“是啊。那个人是个学者，所以经常来这里查资料。他似乎喜欢看一些十分古老的书。”

“你有没有察觉到什么奇怪的地方？”

“好像没什么……对了，他用的笔记本很可爱！”

“这样啊……”

237 ↰423

你查看了玫瑰的花语。

“原来玫瑰的花语是‘爱情’。”

238 ↰249

“没错！科尼亚克先生捐给图书馆的就是这套书。”

你拿起书翻了翻。这是一套关于村子历史的书，书中还夹着一张看起来很古老的墓碑位置图，图上画着一排排墓碑，墓碑上的数字各不相同。你觉得这张图或许有用，于是经图书管理员埃尔希同意后，将它收了起来。随后，你又翻到关于教堂的那几页，读到了一段话：

“乌克梅尔村教堂是祖先安息的地方。根据古老的传说，满足一定条件之后，你就会看到一座梦幻的墓，而那座墓正是中世纪出现过的女巫的墓。那个不可思议的条件是这样的——山脚下的树木重叠后，会出现新的树木；此时，让新出现的树木再次重叠，便会看到梦幻之墓……这究竟是什么意思？”

【请在重要信息栏 9 中填入“山脚下的树木重叠后，会出现新的树木；此时，让新出现的树木再次重叠，便会看到梦幻之墓”。】

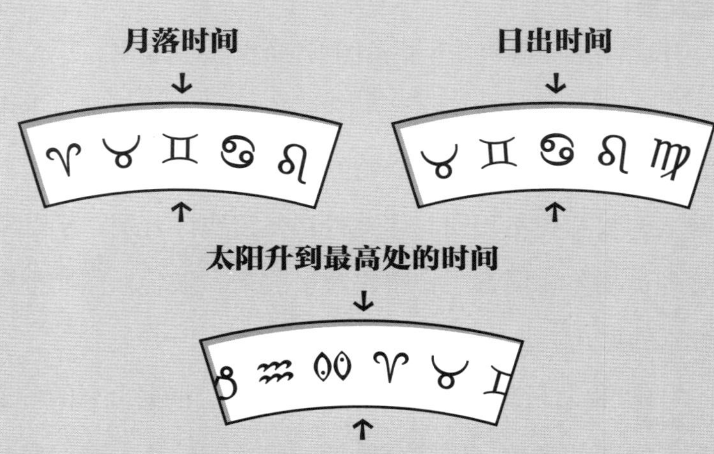

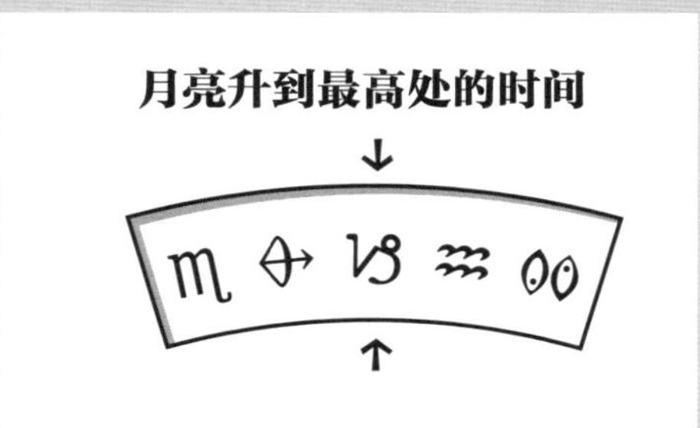

每个符号代表整点，每两个符号的间隔为一小时，数字顺时针递增。

239

↑204

“你今天也很忙呢。”

“是呀！店里新推出了‘精灵套餐’，没想到大受欢迎！我都要喜极而泣了。”

“你真的很有商业头脑。话说回来，你知道梅尔格池塘附近的下水道通向哪里吗？”

“下水道？我不太清楚。唉，如果詹姆斯先生还在世，他应该知道，毕竟他以前是负责清扫下水道的青年团的团长。抱歉，我失陪一会儿。”

安娜去其他桌为客人点单了。

240

↑344

“用这个星盘应该能推算出月亮升到最高处的时间。”

你发现星盘上刻着12个神奇的符号，它们应该对应1 ~ 12这12个数字。星盘旁放着凯列的笔记本，笔记本上有日出时间以及太阳、月亮升到最高处的时间（见左页）。

该如何推算呢？你忽然想起每天的报纸上都写着日出时间，而今天的日出时间是……

请推算出月亮升到最高处的时间，换算成24小时制的时间，然后前往表示时间的数字对应的小节。

241 ↰64

“詹姆斯先生被杀害后，村子里的修理工作要拖延更久了。”

“下水道清洁工作延期的话，只要忍忍那个气味。我家门前也有一条下水道，现在天气还不是特别热，气味尚且可以忍受。但是桥不快点儿修好，村民们就像被关进了牢笼，迟早会出问题的。”

242 ↰02

“钟楼里应该藏着指示石板位置的谜题，您知道它在哪里吗？”

“哼，我在这里待了40多年了，从没见过那种稀奇古怪的东西。”

“那您能让我进去找一下吗？”

“我现在要去调钟了，你明天再来吧！”

243 ↰155

“怪盗八十八面相要我将‘孔雀’还回去。帕特菲先生，你了解孔雀吗？”

“我只知道一个神话故事，说孔雀的尾羽上有眼睛形状的花纹，那些本来是百眼巨人阿尔戈斯的眼睛，阿尔戈斯的眼睛可以轮流睁开，他被人们认为能守护一切。据说他的眼睛从最上面开始，自上而下轮流睁开。”

【请在线索 p 处填入“孔雀和巨人”，并在线索 p 的编号处填入“100”。】

【请在重要信息栏 26 中填入“巨人的眼睛自上而下轮流睁开”。】

244 ⮤130

> 托马斯 · 科尼亚克先生：
>
> 您的宝石“被囚禁的苹果”就由鄙人保管了。如此稀世之宝，不应落入不知其价值之人手中。
>
> 怪盗八十八面相

听听科尼亚克先生的请求 → 前往 373

245

杰瑞 · 乌佐研究员的尸体是在研究所的后院里被人发现的。前天，他对乌佐扑翼机进行试飞后，将扑翼机停在了后院的停机库里。但当他的尸体被人发现时，扑翼机早已不知所终。

研究所大门紧闭，无法进入。

前往停机库 → 前往 419

246 ⮤25

“那本《梅尔格童话》能借给我看看吗？”

“原稿太珍贵了，所以我们做了手抄本，村民可以按章节借阅。每个故事都有编号，你只要告诉我想读哪个故事，我就能找到。以前，我母亲常常给我念童话故事，这些故事往往蕴含深意呢。”

调查线索 p → 前往 “246 + 线索 p 的编号”

询问是否有关于苹果的童话故事 → 前往 266

247

杰瑞研究员在起居室接待了你。他的研究似乎正好告一段落。

“我今天终于要进行飞行试验了。”

“你是说乌佐扑翼机试飞吗？恭喜。”

“下午两点，试飞将在广场进行。”

“你招募到合适的试飞员了吗？”

“招募到了。虽然我想亲自试飞，但万一失败就大事不妙了。要是发明者遇难，就没人能对扑翼机进行维修和改良了。”

聊聊战争 → 前往 298

聊聊波利娜的胸针 → 前往 367

调查线索 Y → 前往 “247 + 线索 Y 的编号”

248 ↰215

你翻开了《波多卢奇的精灵们》，先了解哪种精灵呢？

火之精灵 → 前往 15

水之精灵 → 前往 118

风之精灵 → 前往 77

土之精灵 → 前往 206

249 ↰76

“你知道那套书在哪里吗？”

埃尔希带你来到一排书架前。

“我记得就在这排书架上。但具体是哪几本，我实在记不清了。”

请从书脊（见下页）上找出线索，并前往线索包含的数字对应的小节。

I
Ⅲ
Ⅱ

250

杰瑞研究所面朝一条小河，这条小河是从梅尔格池塘流出来的，河水十分清澈，但这座建筑物与和平宁静的乌克梅尔村格格不入。覆盖整面墙壁的爬山虎、模糊不清的玻璃窗、研究所后阴森森的树林，都显得十分诡异。虽说是研究所，但从幽威大街看过去，它的外观和普通的住宅差不多。

按响门铃后没多久，一身白衣的杰瑞研究员过来开了门。他长着浅浅的八字眉和细长的下垂眼，这副长相使他看起来很忧郁。

“你好，你是？”

杰瑞研究员看起来有些手足无措，十分可疑。

“你好，我正在调查昨天发生的命案，想到这里来看看。”

“你是侦探先生？啊，请进请进。”

进入研究所 → 前往 12

251

⮤180

波利娜坐在沙发上，抚摸着向她要曲奇吃的小狗。

她右手无名指上的戒指闪闪发光，而其他手指上都没有戴戒指。

252

你穿过研究所里迷宫般的走廊，来到起居室。杰瑞研究员正坐在摇椅上望着天花板，他不停摩挲着双手，似乎在思考什么，又似乎什么都没思考。

“啊，你来了……”

“怎么了？”

“你好啊，那个，没给你上茶真是不好意思。”

“没事，请不要在意。”

杰瑞研究员没有接话，继续望着天花板。

询问他在思考什么 → 前往 194

调查线索 Q → 前往 “252 + 线索 Q 的编号”

253 ↑266

《沉睡的苹果》

有一天，精灵居住的池塘边来了一只邪恶的大灰狼。

大灰狼把精灵最喜欢的越橘全部吃光了，它的嘴巴被越橘的汁水染成了血红色。

为了报复大灰狼，精灵在一半苹果中注入了安眠药，打算把它给大灰狼吃。

拿到苹果后，邪恶的大灰狼开口了：

“你以为我会吃吗？谁知道里面有没有毒。”

“那我先吃掉一半吧。”

说着，精灵把苹果掰成两半，将红色的一半留给自己，将蓝色的一半递给大灰狼。

大灰狼又说：

“我要吃你的那一半。”

“两半苹果都是一样的。”

它们交换了苹果。

看到精灵咬了苹果后，大灰狼才咬了一口苹果。

然后，大灰狼扑通一声倒在地上，打起了呼噜。

精灵把大灰狼的肚子剖开，将里面的越橘全部夺了回来。

【请在重要信息栏 28 中填入“将蓝色的半个苹果递给狼”。】

254

昨天夜里，你在月之丘看到的那个男人的确是杰瑞研究员。他和军人对话时提到了“狼人”，一定知道狼人的某些信息。

当时，你虽然成功逃脱，但杰瑞研究员恐怕已经知道藏在灌木丛里的是你。研究所大门紧闭，你敲了敲门，没有得到回应。你试图从窗户往里面看，可里面黑漆漆的，什么都看不清。

寻找进去的方法 → 前往 52

255

你来到梅尔格池塘，试着再次呼唤精灵。

“精灵啊，快出来吧！”

然而无论你怎么呼喊，精灵都没有现身。

离开 → 前往 402

256

↰275

“我说米歇尔，我可是客人！”

“反正你又不是来买东西的。话说回来啊，听说凯列可能是女巫的后代？”

“是凯列亲口告诉你的吗？”

“嗯，因为凯列说我不是狼人，所以告诉我也无妨。”

“我明明跟她说过要保密。”

“说实话我挺惊讶的，因为安娜也说自己是女巫的后代。”

“安娜也跟你说了?!”

“嗯。但是，总不见得两个人都是女巫的后代吧？也就是说，凯列和安娜之中有一个冒牌货。要怎样才能知道谁真谁假呢？”

“问题就在这里啊……”

257

鞋店的米歇尔看到精灵的地方就在梅尔格池塘边。

你望着蓝色的池水，感觉这里充满了神秘的气息，仿佛下一秒精灵就会现身。池塘周围，灌木上的果实红彤彤的，好像已经成熟了，散发出一股酸酸甜甜的香气。

调查线索 Z → 前往 “257 + 线索 Z 的编号”

调查线索 b → 前往 “257 + 线索 b 的编号”

258 ↰232

“精灵会发光吗？”

“会。我曾经和精灵一起拍过照。”

“真的吗？”

“你不信吗？”

“不，我相信。怎样才能见到精灵呢？”

“梅尔格池塘的精灵最喜欢越橘果酱。只要摘一些在池塘周围生长的越橘果实，把它们做成果酱，再把果酱洒到池塘里就行。”

“什么样的越橘都行吗？”

“精灵只吃好吃的越橘。如果你的果酱是用品质不好的越橘做成的，那么不管你洒多少，精灵都不会现身。我记得在乌克梅尔观光协会印发的观光指南里，有教人判断越橘是否好吃的方法。”

说着说着，埃尔希似乎陷入了回忆。

“真令人怀念。那是我 13 岁时的事情，已经过去 51 年了。当时我说自己和精灵合了影，结果被人们当成骗子。真希望今天看到精灵的女孩不会有和我一样的遭遇。”

【请在线索 Z 处填入“摘越橘”，并在线索 Z 的编号处填入“51”。】

259

↰80

你拔出怪盗扔过来的小刀，准备攻击狼人。

然而狼人没有丝毫畏惧，反而对会反抗的猎物饶有兴趣。

向狼人投掷小刀 → 前往 429

寻找进攻的时机　→　前往　161

260

梅尔格池塘位于村庄的东北角。池水清澈见底，十分美丽。

池塘周围是茂密的灌木丛，灌木大概有膝盖那么高，仔细观察，还可以看到灌木上结了许多红色的小果实。

灌木丛被周围大树的阴影笼罩着，而池塘被阳光照耀着，水面波光粼粼。

周围一片寂静，你只能听到自己踩在泥土和树叶上的脚步声，以及远处鸟儿叽叽喳喳的叫声。池水平静无波，只有时不时吹来的微风让水面泛起涟漪。

261　⮤333

你走近墙壁，仔细查看。

“这些颜色从左到右分别是蓝、黄、红、绿、棕，总觉得在哪里见过……”

你想起在女巫的墓碑上看到的文字——“古书和钟楼里藏着关于石板位置的信息”。

“现在还无法解开这个颜色的谜题……解开古书中的谜题后，我将得到的宝石交给精灵，来到了这座神殿，看到了这五种颜色。接下来，也许我只要解开钟楼里的谜题，将谜底和这五种颜色结合起来，就能知道石板的位置了！”

【请在重要信息栏 24 中填入“神殿墙壁的颜色从左到右依次是蓝、黄、红、绿、棕”。】

262

拨开长着红色果实的灌木丛，你走到梅尔格池塘边。池塘依旧十分美丽，清澈的池水令人心旷神怡。

“嗯？”

似乎有人在你耳边窃窃私语。然而无论你怎么听，都只能听到微风不时吹动灌木的声响。

“是我的错觉吗？”

调查线索 Q → 前往 “262 + 线索 Q 的编号”

263 ⮤295

“埃德加先生，你旅行的目的已经达到了，接下来有什么打算？”

“我昨天思考了一整天，打算等桥一修好就重新踏上旅途。”

埃德加冲你一笑。

“现在，我打算去帮助青年团，为修桥出一分力。即使我再度踏上旅途，这个美丽的村子依旧是我心灵的归宿。总有一天我会回到这里，坐在钟楼边上，迎接黄昏的到来。”

264

你来到了梅尔格池塘。

池水清澈见底，从池畔到中央，池水的颜色逐渐加深。

微风轻轻吹拂着水面，你一直盯着池水，感到视线仿佛随着水波的晃动逐渐变得模糊起来。

呼唤精灵 → 前往 16

265

↰376

你查看了书桌上的烛台和天平，并没有发现什么异常之处。你拿起相机，发现相机底部刻着手写体的“H.C.”。

“H.C.代表哈里·卡沙萨（Harry Cachaca）？詹姆斯被杀前还在修理哈里的相机吗？相机用的是35毫米胶卷，把照片洗出来看看吧。正好在报纸上看到了达盖尔相机专卖店的广告，那里能洗照片。”

皮质相机套里还放着一张便笺纸。

· color

“这是什么意思？”

【得到线索K“相机和胶卷”，请在线索K的编号处填入“35”。】

【请在重要信息栏7中填入“相机套里有一张写着‘·color’的便笺纸”。】

请仔细阅读今天的报纸，找到相机专卖店的地址，然后前往相机专卖店的地点编号对应的小节。

266 ↰246

“有和苹果相关的童话故事吗？”

“苹果？我去找找。”

埃尔希拿来了《沉睡的苹果》的手抄本。

阅读《沉睡的苹果》 → 前往 253

267 ↰196

食指代表“集中注意力”。

当你想在某段特定的时间里集中注意力，或者长时间的工作使你的注意力涣散时，在食指上戴戒指能让你保持专注。这样一来，你在工作、学习时就不会被其他事物干扰，能够专心完成任务。只不过，当身体处于疲劳状态时，这个办法会失效。此时就好好休息吧。

与食指有关的幸运数字是22。

268 ↰197

“安娜，请告诉我占卜的结果。”

“昨天，我对住在猫与猫头鹰旅店的旅行家进行了占卜。”

“埃德加？”

“嗯。他的内心虽然十分寂寞，但并不会给人不愉快的感觉。他是人类。”

269

↰252

“请问，你昨天在附近见过一只黑色的狗吗？”

“昨天？我一直在研究室里，对外面发生的事不太了解。”

“这样啊……”

“虽然我没看见狗，但是我听到研究所后面传来了狗叫声。不过，光凭声音可无法判断那只狗到底是不是黑色的。”

“研究所后面就是梅尔格池塘吧？”

270

↰60

中午，乌克梅尔广场人头攒动，人们正在为明天举办的乌克梅尔村选美大赛做准备工作。广场上摆着一排排座椅，座椅正前方是华丽的舞台。明天，那些闭月羞花的少女将在这个舞台上大放异彩。

在广场上，你看见了内

莫·格拉帕村长的身影。

“您看起来十分忙碌。”

“怎么样，这个舞台很棒吧！”

“相当壮观。”

“咦？你好像有些面生。”

“我是昨天来到这个村子的私家侦探，请多指教。”

“原来是这样啊，幸会幸会！今年选美大赛的奖品可是件了不得的珍宝呢！”

“没记错的话，是一条名为‘孔雀’的项链吧。”

“正是。这可是本村代代相传的宝物啊。”

打听选美大赛的参赛者 → 前往 224

调查线索 D → 前往 “270 + 线索 D 的编号”

271 ↰157

“听说‘孔雀’暂时由你保管。”

“嗯，这是保护‘孔雀’免遭怪盗盗窃的奖励。”

“哼，居然把宝石交给根本不懂它价值的人！算了算了，虽然那条项链上的每颗宝石都相当珍贵，但整体粗制滥造，设计压根就没法看，简直就像不知道从哪里弄了点儿石头回来，然后随便嵌上去一样敷衍了事。”

272 ↰62

原定于今天在乌克梅尔广场举办的选美大赛因为怪盗留下的信中止了。

广场上，村长正在指挥大家收拾会场。

“没想到事情居然会发展成这样。”你对村长说。

“真是的，桥被破坏了，狼人和怪盗又同时出现，村子里现在真是一团糟！侦探先生，你能快点儿想想办法吗？”

“我会尽我所能。”

查看怪盗留下的信 → 前往 226

调查线索 L → 前往 “272 + 线索 L 的编号”

调查线索 M → 前往 “272 + 线索 M 的编号”

273 ↰247

“这里离梅尔格池塘很近。杰瑞研究员，你见过精灵吗？”

“精灵这种东西应该不存在吧。”

274 ↰97

在礼拜堂里，你遇到了星空花店的店员凯列·鲁姆。

询问占卜结果 → 前往 339

询问怪盗送来的花的品种 → 前往 374

询问关于教徒的信息 → 前往 422

275

米歇尔还是一如既往，百无聊赖地在鞋店看店。粉色云朵鞋店平时没什么客人，米歇尔总是光明正大地偷懒。今天，她坐在椅子上，满眼倦意地小声嘀咕着什么，完全没有要接待你的意思。

听听米歇尔在说什么 → 前往 303

表达不满 → 前往 256

276 ↰116

“之前的那两位客人都还住在这里吗？”

“桥断了，他们也没法从村子里出去，所以暂时都住在这里。对了，据说那个名叫埃德加的客人是为了寻找自己的父母才踏上旅途的。别看他这么年轻，却吃了不少苦呢。”

277

自从今天早晨的报纸刊登了精灵目击者的采访之后，鞋店的店员米歇尔就一举成了村民们关注的焦点。村民们全都聚在粉色云朵鞋店里，有人想和米歇尔握手，有人想打听她遇到精灵时的情景。米歇尔一开始也觉得很有趣，但很快就

对重复的问题感到厌倦。到了傍晚，来访的人终于变少了，店内恢复了平时的客流量。米歇尔无聊地托着腮。

询问精灵的相关情况 → 前往 20

询问报纸上的 M.P. 是什么意思 → 前往 412

278

↰204

"昨天夜里，我对餐厅的厨师费利克斯进行了占卜。"

"你是说绵羊树桩餐厅的费利克斯，对吧？"

"嗯。他的内心熊熊燃烧着追逐梦想的火焰。他是一个有理想的普通青年。"

279

↰262

"昨天傍晚，哈提肯定跑到这附近来了。现在它肯定很饿，说不定已经精疲力竭了。"

为了寻找哈提，你在梅尔格池塘边转来转去。在池塘的北面，你能远远望见咖啡馆的阳台。

"安娜今天给客人端的会是红茶吗？回去的时候，我要去那里坐一会儿，吃块蛋糕再走。"

你正想得出神，灌木丛里突然有什么东西动了一下。

"哈提？！"

灌木丛唰啦唰啦地晃动起来，一只黑色的狗从里面露出

了脑袋——是哈提！你跑到哈提身边，抚摸着它的头，它冲你摇了摇尾巴。

“太好了！终于找到你了！你怎么就跑丢了呢？咦？”

仔细一看，你发现哈提嘴里叼着一只皮鞋。

“这只鞋是哪儿来的？你在这里捡的吗？”

鞋子上看不到任何划痕，像没穿多久就脱下来扔在这里了一样。鞋子是 27 码的。

“原来如此！怪盗前天晚上从科尼亚克先生家偷走宝石之后，在梅尔格池塘附近销声匿迹了。不对，准确地说，怪盗应该是在这里伪装成某个村民，然后若无其事地潜伏到村子里了。这只鞋就是他在那时候脱下来的！”

【请在线索 R 处填入“怪盗的鞋”，并在线索 R 的编号处填入“27”。】

【请在重要信息栏 12 中填入“怪盗穿 27 码的鞋”。】

280

你前往位于阿拉克涅斯大街的粉色云朵鞋店。这里除了卖鞋子，也卖帽子及其他饰品。

你向店员米歇尔·皮斯科询问了一些情况。

“你好，我可以向你打听一些事吗？”

“你是哪位？”

“我是一名侦探，昨天刚到村里。请多指教。”

“我叫米歇尔。请多指教。”

和米歇尔交谈 → 前往 183

调查线索 D → 前往“280 + 线索 D 的编号”

281 ⮤190

你爬上了 3 楼走廊尽头的梯子，打开天花板上的锁，从那里探出身子。地面上的风很平缓，楼顶的风却很强劲。楼顶屋檐下的走廊很窄，大约只有 60 厘米宽，走廊边缘围了一圈高度到膝盖的栅栏。

你拿出怀表看了一眼时间，现在是 22 点 50 分。

“好高啊！”

你虽然并不恐高，但还是感到有些头晕目眩，再加上不时刮来的强风，要是一不小心没能保持平衡，就会掉下去。你俯视着村子，手中小小的煤油灯闪着光。

“欢迎你。”

你迅速转过头去，看到了怪盗，他邪恶的笑容被闪着微弱光芒的黄金面具遮挡住了。他戴着黑色礼帽，穿着黑色斗篷，就连鞋子也是漆黑的，这使得他的脸仿佛悬浮在空中一般。

“侦探先生，没想到你居然破译了那个密码，真让我意外。我现在很兴奋，因为终于可以收拾掉你这只碍事的苍蝇了。”

“你只有今晚还能逞口舌之快了，我会立刻揭露你的真实面目！”

“说实话，我这个人相当讨厌暴力，毕竟那一点儿都不优雅。侦探先生，想必你能够理解我，智慧的碰撞才是最美妙的，不是吗？”

怪盗俯视着村子，继续说道：“但是既然你来到了这里，我就没有别的办法了。不分出胜负，决斗就不会结束。毋庸置疑，失败的那个人肯定是你！话说回来，你不好奇我伪装成了哪个人吗？”

“我大概已经有结论了。谁让你这么蠢，留下了戒指和鞋这两个证据呢？”

“既然你这么有自信，现在我就告诉你最后一条线索吧。”

怪盗八十八面相从怀中掏出一把小刀，对做出戒备姿势的你说：“放心，我才不会用这种东西杀掉你，这多煞风景啊。”

怪盗将一张小纸片扎在小刀上，朝你扔了过来。小刀扎在了你旁边的屋檐上。

“你能解开这道谜题吗？”

你警惕地盯着怪盗，伸手去取那张纸。

解开谜题 → 前往 96

282

米歇尔一手翻着书，一手撑着脸颊，正在叹气。柜台上摆放着漂亮的花，它们散发着沁人的香气。

聊聊米歇尔正在看的书 → 前往 306

聊聊柜台上的花 → 前往 391

调查线索 P → 前往 “282 + 线索 P 的编号”

调查线索 R → 前往 “282 + 线索 R 的编号”

283

↰55

“昨天没来得及向您仔细打听，我为了确定狼人的真实身份，正在寻找传说中的女巫留下的石板。请问您对女巫有所了解吗？”

“我倒是第一次听说石板这种东西，不过传说中的女巫确实是有后代的。”

“没错，餐厅的那幅画里隐藏了能让女巫的后代觉醒的暗号。安娜和凯列两个人中，有一个是女巫的后代，而另一个是狂人的后代。在 15 世纪的猎巫运动中被处决的女巫为了使她的子孙摆脱这样的悲惨命运，将血脉封印了起来。”

“听说女巫的后代都有一个共同点，这个共同点就藏在餐厅的那幅画里。”

“不止觉醒的暗号，就连这个共同点都藏在那幅画里吗？”

“是的。恐怕画的背面还有另一幅画，用这个把画背面的石膏削薄一些看看吧。”

说罢，村长递给你一把约 20 厘米长的锉刀。

【请在线索 v 处填入“画的背面”，并在线索 v 的编号处填入“20”。】

284

米歇尔今天依然托着腮坐在鞋店前台。看来，看到精灵带来的人气仅仅一天就消耗光了。

“人都是这样的。”米歇尔并未因此感到沮丧。

不过，今天店里的客人好像比平时多一些，连杂技演员玛丽·库米思也来了，她正在挑选鞋子。

和米歇尔对话 → 前往 363

和玛丽对话 → 前往 348

285

↰170

钟楼管理员弗里茨·基尔希现在已经步入老年。他凭一己之力管理整座钟楼已有 40 多年。无论是调整齿轮和钟摆，

还是修理机械人偶，乃至打扫卫生，全部都由他一人完成。

他固执己见而又寡言少语，村里人都认为这份工作是为他量身定制的，他本人也这样认为。

现在，他正坐在椅子上读报纸。

你向他打招呼："你好。"

但是他没有开口回应你，反而向你投来嫌恶的目光。

询问关于弗里茨的信息 → 前往 424

询问关于机械人偶的信息 → 前往 121

调查线索 D → 前往 "285 + 线索 D 的编号"

去钟楼 2 楼 → 前往 147

286

↰144

书架上除了修理相关的书之外，还有下水道地图和下水道修理记录。你从书架上拿出下水道地图。

查看地图 → 前往 413

287

↰197

"安娜，你能用这些越橘给我做一份果酱吗？"

"哎呀，你居然有这么多越橘！交给我吧，客人们差不多都要回家了，我现在就帮你做，稍等一会儿。"

安娜把越橘洗干净后，放进珐琅锅里煮了大约 30 分钟，然后加了大量白砂糖。果酱做好的时候，她嘴里好像念了句什么咒语，才把果酱装进小瓶子交给你。

“果酱好啦！给你，这瓶果酱足足有 42 克呢。”

“谢谢你，安娜。这样一来，我就能见到精灵了。”

“见到精灵？”

“没错。我有事找精灵。”

【请在线索 b 处填入“越橘果酱”，并在线索 b 的编号处填入“42”。】

288

↰100

礼拜堂内一片寂静。摆放得整整齐齐的长椅之间铺着一条红色的地毯。你来这里的时候，几个教徒正在做礼拜。

和教徒聊聊 → 405

查看宗教画 → 307

289

↰378

药品柜里摆放着许多药品。你看了看标签，但还是没搞明白这些药品的用途。

290 ↰140

“有什么我可以帮忙的吗？”

“让我想想。看我干的好事，刚才我不小心把零件弄坏了。要是有锁链一样的东西做替代品就好了……”

“锁链……可惜我怀表上的链条昨天晚上掉到山谷里了。”

“山谷里？你昨天晚上是通过乌克梅尔桥来到村里的吗？该不会就是你小子把桥给弄断的吧？”

“不是我干的！”

调查线索 G → 前往 “290 + 线索 G 的编号”

291

5 月 12 日。

请打开第 2 天的搜查页，阅读搜查页背面的报纸后开始调查。在今天的调查过程中，要将地图上的每一个地点编号都加 2，然后前往相应的小节。例如，地图上编号为 100 的地点，今天对应第 102 节。

292 ↰65

“你找到令堂和令尊了吗？”

“还没有。昨天我和往常一样，在村子里四处打听消息，但是没有得到任何有用的线索。话说，钟楼的机械人偶真的

好逼真啊，据说是 15 世纪中叶到村里旅行的工匠制造的。”

“15 世纪中叶正好是女巫生活的时代……”你若有所思。

“因为那名工匠和我一样热爱旅行，所以我对他的经历十分好奇。据我调查，那名工匠后来好像和女巫结婚了，据说他们还生了孩子，一家人在一起度过了一段幸福的日子。可惜后来猎巫运动开始了……”

“女巫被处决了。”

“是的，那名工匠也被赶出了村子。”

“原来如此。”

要是写着预言的石板被村民们发现，肯定很快就会遭到破坏，所以女巫才将石板藏了起来。

293

↰272

晚上，你来到了乌克梅尔广场。

怀表的时针马上就要指向 21 点了。虽然周围一片漆黑，但从你藏身的地方能够隐约看到放着“孔雀”的保险箱。

21 点了。

钟楼的钟声响起，怪盗还没有出现。你下意识地开始数钟声响了几次。

一次……

两次……

三次……

四次……

五次……

你停止了数数，因为你发现阿拉克涅斯大街通向广场的小桥上有什么东西动了一下。

你聚精会神地盯着眼前的黑暗，忽然，一个黑影悄无声息地靠近了广场。

调查线索 S → 前往 “293 + 线索 S 的编号”

未获得线索 S → 前往 427

294

↰127

“听说你昨天晚上和怪盗交手了，你看清他的长相了吗？”

“我只看出他是一个男人，行为举止很像杂技演员。那家伙一定已经伪装成村里的某个人了。”

“真令人气愤！他居然敢偷走我珍贵的宝石！”

科尼亚克先生身体前倾，脸涨得通红。

295

玛尔戈·佩里正哼着歌给花浇水。

“玛尔戈女士，你看起来心情不错。”

“哎呀，是侦探先生啊。其实我的心情也不太好，这不是发生了太多骇人听闻的事件嘛，要是再不哼哼歌，我都要抑

郁了。”

和玛尔戈聊天 → 前往 235

去“猫之房间” → 前往 74

去“猫头鹰之房间” → 前往 263

296 ↰34

“我想再借一下女巫留下的古书。”

“咦，你昨天不是才借过吗？好吧，请稍等。”

你等了一会儿，埃尔希拿来昨天那本破破烂烂的书，小心翼翼地递给你。

请参照“重要信息栏 20”，破解下面的密文，再前往其中的数字对应的小节。

一四八一年　八月二十四日

盛开的花朵终有凋谢之时，　辉煌的宫殿亦有倒塌之日。

在漆黑的深夜，吊桥悄然断裂，邪神随之诞生。

宣告真相的钟声中，人迹罕至的角落里，

知道宝石意义之人，将给予你指引。

命运的揭幕仪式上，引路星熠熠生辉。

觉醒吧，知晓未来的指引者的后代。

不要让无辜之人风中恸哭，

预言浮现的时候，一切都将结束。

297

玛尔戈·佩里坐在前台，脑袋一晃一晃的，正在打瞌睡。察觉到你进入旅店后，她勉强抬起了沉重的眼皮。

“真少见呀，总是精神饱满的玛尔戈女士竟然也会打瞌睡。”

“今天早上起得太早了，见笑了。”

伸了一个大大的懒腰之后，玛尔戈又活动了一下肩膀和脖子。

“现在，让我打起精神来！”

询问关于报纸上的缩写“M.P.”的信息　→　前往　331

调查线索 Y　→　前往　“297 + 线索 Y 的编号”

询问关于波利娜的信息　→　前往　387

去“猫之房间”　→　前往　418

去“猫头鹰之房间”　→　前往　65

298

↰ 247

“话说，最近城镇那边的战争似乎越来越激烈了。”

“无论我们如何努力让生活变得更加便利，如何努力去探索宇宙和生命的奥秘，还是有人没有一点儿长进，只会不断重复战争，真是愚蠢！”

299

↰ 257

你将安娜制作的越橘果酱洒在池塘里。

“这样精灵就会现身吗？”

果酱缓缓沉入水中。蓝色

的池水和红色的果酱混合在一起，逐渐变成了紫色。果酱消失不见的同时，一阵柔和的风吹过，你眼前出现了一只精灵。

精灵身高约 15 厘米，和报纸上写的一样，像一位穿着连衣裙的少女，背上还长着半透明的翅膀。

“酸酸甜甜的，真好吃！”

精灵盯着目瞪口呆的你，身体一闪一闪地发着光。

“给我越橘！”

调查线索 Y → 前往 “299 + 线索 Y 的编号”

300

猫与猫头鹰旅店位于村子东南头，在凯特西大街与莉莉丝大街交会的十字路口旁边。旅店附近有餐厅、花店和鞋店等，很是热闹，但旅店后面的小巷即使在白天也很昏暗，给人一种阴沉的感觉。

进入旅店 → 前往 426

去小巷 → 前往 37

301 ↰127

“科尼亚克先生，原来您还收藏鸟类标本。”

“嗯。鸟是一种美丽的生物。我会让人找来病死的小鸟，

将它们复原成生前优雅又有生气的样子。”

302

你再次来到旅店，可是在前台没看到任何人。你试着问了一句：“有人吗？”然而依旧没有人出来回应。正当你以为店里没人，准备回去时，老板娘玛尔戈·佩里一边小声嘀咕着什么，一边走了出来。

询问发生了什么事 → 前往 116

去“猫之房间” → 前往 231

去“猫头鹰之房间” → 前往 353

303

⮍275

“哎呀，又不是……”

“不是？什么不是呀？”

“报纸上今天的幸运星座不是我的星座……”

你定睛一看，柜台上摊着今天的报纸，米歇尔正在读报，她的脸几乎要贴到报纸上了。

“前天你不是提到了私信栏里的姓名缩写嘛，我觉得挺有趣，从那之后就开始读报了。可惜我的星座还没成为幸运星座。”

“米歇尔，你是什么星座？”

“双鱼座。”

304

玛尔戈·佩里正戴着眼镜坐在前台看报纸。

和玛尔戈聊天 → 前往 199

去“猫之房间” → 前往 318

去“猫头鹰之房间” → 前往 343

305

↰174

你从走廊尽头的梯子爬上楼顶。

一想到昨天晚上和怪盗的对决以及之后出现的狼人，你的心一阵狂跳。和昨晚一样，楼顶的风很大。

“我居然在这种地方和怪盗一决胜负，想想真是后怕。”

你查看了昨天怪盗站的地方，发现有东西落在了那里。

走近后，你捡起来一看，原来是一块破旧的怀表。指针已经停了，调整时间的表把也从中间断开了。你把怀表贴在耳边听了听，什么声响都没听

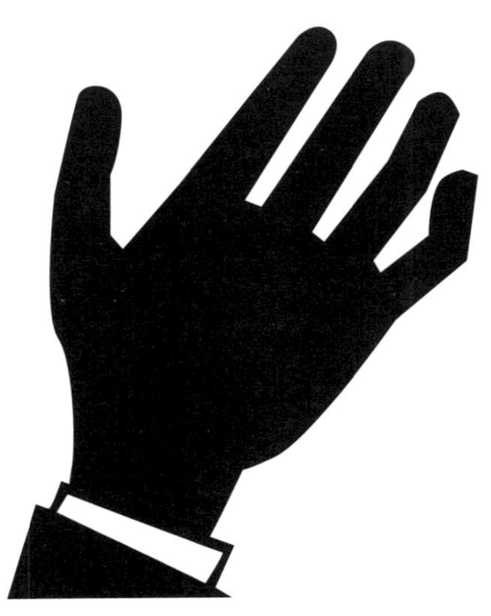

到，怀表应该坏了。

“这是弗里茨先生的那块怀表吗？”

查看怀表 → 前往 148

306 ↰ 282

“你在看什么书？”

“《波多卢奇的精灵们》，从图书馆里借的。”

“好看吗？”

“我正好看到风之精灵。书里说，怪物讨厌热，热……那句话怎么说来着？热……什么？啊，风之精灵能掀起热风……”

“米歇尔，虽然你一直都是一副满不在乎的样子，不过你真的不害怕狼人或者怪盗吗？”

“希望狼人不要袭击我，想想就觉得好痛……”

307 ↰ 288

宗教画展现的场景并不美好，没有一点儿田园牧歌的诗意。画中 3 个村民正在劈柴并燃起篝火，熊熊燃烧的火焰正在灼烧一个女人，女人身体扭曲着，看起来十分痛苦。

“这就是当年的猎巫运动吗？太可怕了。这座和平的村庄里真的发生过这样的事情吗？”

308

↑257

“摘越橘时一定要仔细挑选，只摘好吃的果实。”

请参照重要信息栏 14，将走过的越橘下方的数字加起来，然后前往这些数字之和对应的小节。

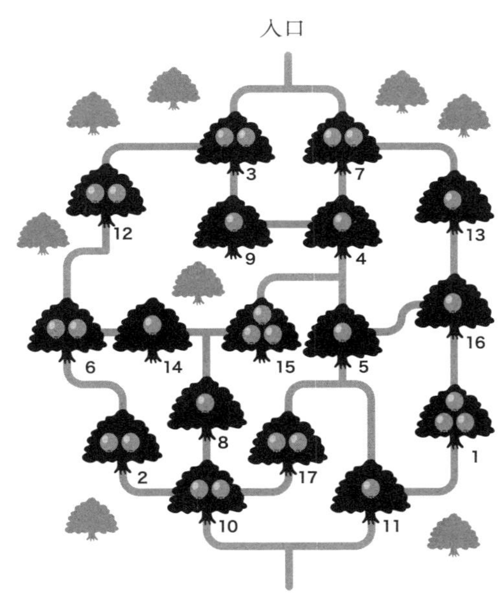

注意：从入口开始，穿过树林，只有一条路可以收集到所有好吃的越橘果实。同一个地点不能走两次。

309

↑282

“米歇尔，你知道谁在这里定制过 27 码的鞋吗？”

“当然知道，请稍等，我去翻翻客人的订单。”

米歇尔在柜台后的书架上翻找了一会儿，把客人名册拿

了出来。

“就是这个。”

粉色云朵鞋店定制 27 码鞋的客人
杰瑞 · 乌佐　Jarry Ouzo
内莫 · 格拉帕　Nemo Grappa
帕斯卡 · 阿尔马尼　Pascal Armani
帕特菲 · 金　Pataphy Gin

“全都在上面了吗？”

“嗯，没错。”

310

5 月 13 日。

你睡眼惺忪地翻开了今天的报纸，一张纸片和一朵花从展开的报纸中掉了出来，落到了地上。你弯腰捡起纸片和花。纸片上写着一串意义不明的文字。

> 我等着你！
>
> 怪盗八十八面相
>
> Wazhaqanwaban-stawkuhahs, Sethoto-warzanhu

是怪盗八十八面相的留言！

“怪盗的留言是什么意思？还有这花……”

你仔细观察了一下，发现这是一朵直径约 3 厘米的红花。

这究竟意味着什么呢？

【请在重要信息栏13中填入“Wazhaqanwaban-stawkuhahs, Sethoto-warzanhu”。】

请打开第3天的搜查页，阅读搜查页背面的报纸后开始调查。在今天的调查过程中，要将地图上的每一个地点编号都减3，然后前往相应的小节。

311

↰220

你追上神父，和他搭话。

“请问……昨天遇害的哈里先生的遗体，现在安放在往生室里吗？”

“没错。”

神父回答了你的问题，依旧一脸冷漠。

“他的遗物也放在那里吗？”

“是的。有什么问题吗？”

“我是一名侦探，正在对昨天的案件进行调查。”

“你是侦探啊……”

神父轻声嘀咕着，思考了一会儿，说：“如果你在教堂的调查遇到了瓶颈，请先去看宗教画，再去墓地，最后和教徒们聊聊吧。顺序至关重要。你既然是侦探，应该很聪明。我还有事，就先失陪了。”

312 ⮤08

“昨天夜里，我看到了科尼亚克先生的内心。”

“然后呢？”

“科尼亚克先生内心的光芒虽然很强烈，但却很纯洁。”

“这么说，科尼亚克先生也是人类。”

313 ⮤163

“等……等一下！我有东西给你！”

说着，你从口袋里掏出了在梅尔格池塘边捡到的苹果。

狼人的脸上浮现出不可思议的表情，它用低沉的声音说：“你以为我会吃这种东西吗？谁知道有没有毒。”

“我们一人一半吧。”

你稍稍用力，将苹果掰成了两半。

将红色的半个递给狼人 → 前往 101

将蓝色的半个递给狼人 → 前往 216

314 ⮤362

“最近奥尔维亚好像有军事演习。”

“虽然奥尔维亚一直保持中立，但战争的阴影正步步逼近。”

“你怎么看这场战争？”

“这场战争之所以长期持续下去，是因为波多卢奇王国军

队能从中牟取暴利，武器研发和军工产业为他们带来了可观的利润。如果反战组织阿里斯托不组织民众反抗，估计战争很难结束。”

315

凯列是个性格沉稳的人，但她今天看起来很有活力。

“凯列小姐，你好，你今天看起来活力四射呀。”

“狼人虽然很恐怖，但我还是努力保持乐观。”

询问占卜结果 → 前往 369

询问关于“孔雀”的信息 → 前往 403

调查线索 r → 前往 “315 + 线索 r 的编号”

316

↰272

“教堂的墓地里好像有一座女巫的墓，请问你知道那座墓有什么特征吗？”

“特征？我不太清楚，抱歉。”

317

你在花店里没看到凯列，店主说她今天休息。

“谁知道她去哪儿了，也许去教堂了。”上了年纪的店主一边熟练地修剪花朵一边对你说。

318 ↩ 304

你敲了敲“猫之房间”的门，但是没有得到回应。玛丽好像出门了。

319 ↩ 125

“除了女巫的墓，您还知道别的信息吗？比如说餐厅里那幅画的由来之类的……”

“我只知道那幅画是女巫亲手画的，别的我就不太清楚了。”

320

贝亚德大街上，裁缝店、书店、餐厅、烟草店等各种商店鳞次栉比。黄昏时分，这里尤为热闹。在一片喧闹声中，小小的星空花店安静地运营着，时间在这里仿佛静止了一般。

帽子上装饰着羽毛的老妇人正和戴着项链的年轻女店员一起挑选鲜花。良久，老妇人抱着花束，满面笑容地离去了。

你和女店员打招呼：“你好，我是一名私家侦探，请多指教。”

“我叫凯列 · 鲁姆。今天的天气真不错啊。太阳出来了，

店里的花也很高兴呢。”

称赞她的项链 → 前往 73

调查线索 B 和线索 C → 前往“320 + 线索 B 的编号 × 线索 C 的编号”

321

⮤401

你仔细观察墙壁，发现上面有污渍一样的线条。线条此起彼伏，横跨整面墙。线条上方是零零星星的文字和数字。

“这个图形我好像在哪里见过……”

你向后退了一步，以便看到完整的图形。

“这些起伏的线条构成了山脉……我知道了！是纳玛山！从钟楼走廊的窗户望出去，纳玛山的轮廓就是这样的！”

“那些文字又藏着什么信息？”你忽然想起那句俗语——齿轮沿着纳玛山转动。在哪里见过齿轮呢？

请参考护封背面的纳玛山轮廓图，找出文字中的隐藏信息，然后前往其中的数字对应的小节。

322

凯列看起来和昨天没什么两样，她正在打理花束。店里放着一张小桌子和一把长椅，专供那些在店里等候包装花束

的顾客使用。你坐在长椅上，凯列为你端来一杯红茶。

聊聊凯列的工作　→　前往　410

询问占卜的结果　→　前往　233

调查线索 P　→　前往　“322 + 线索 P 的编号”

323　↰ 297

“玛尔戈，你见过精灵吗？”

“精灵？没见过，但要是真的有精灵就太好了。不过，听说遇见精灵的人会神秘失踪！”

“神秘失踪？”

324

凯列一脸呆滞地给店门前的花浇水，好像没看见你。

和她搭话　→　前往　08

325　↰ 299

“精灵说话时身体会发光。木瓜花的花语是‘精灵的光’，难道那一串意义不明的文字是精灵的语言？”你暗自思索。

“还有越橘吗？”

精灵意犹未尽地问道。

“精灵，请告诉我如何将你们的语言翻译成我们的语言。要是你告诉我，我就把这瓶越橘果酱全都给你。”

你晃了晃装着果酱的瓶子。

“好，我教你，你可要听好了！”

翻译精灵语 → 前往 36

326 ↰144

橱柜里放着修理工具，没什么变化。

327 ↰145

你敲了敲“猫之房间”的门，里面传来一声响亮的“来啦——”，随后，一个身材纤细的女人从里面探出身子。

“你是哪位？”

“我是一名侦探，正在调查昨天发生的杀人案。可以问你几个问题吗？”

“嗯，可以。我叫玛丽，玛丽·库米思，是奥迪隆马戏团的杂技演员。”

说罢，她向你伸出了右手。你和她握了手。

“你好，玛丽小姐。你3日起就住在这里了吗？”

“是的。马戏团现在正在放假，我想趁假期四处观光，就来到这座村庄。”

“观光？你来这里是专门看钟楼的吗？”

“没错！那真是一座气派的钟楼呢。”

“你知道昨天夜里发生了什么吗？”

“有人在这家旅店的后巷被杀害了是吧？我明明听说这是一座和平的村庄，结果现在连桥都断了，真是太可怕了……”

询问关于马戏团的信息 → 前往 124

询问关于钟楼的信息 → 前往 151

328 ↩423

你查看了太阳花的花语。

“原来太阳花的花语是‘希望’。”

329 ↩293

“哈提！就是现在！”

你大喊了一声，黑影立刻停止了动作。他惊慌失措了片刻，但很快就恢复了镇定。

藏起来的哈提朝黑影猛扑过去，你听到了黑影摔倒在地的声音，赶紧飞奔过去。

没想到，你却扑了个空。你听到几米开外传来鞋踩在地面上的声音，哈提在你的身边，朝着声音的来源低吼。

“居然牵了一只狗来，真有你的啊。”

怪盗笑了起来，听声音是个男人。

“我不会让你逃走的，束手就擒吧！”

“我似乎小看你了，请允许我为自己的失礼道歉。”

“哈提，冲上去！”

你向前冲去的同时，怪盗朝地面猛地一挥手，扔出了什么东西。巨大的爆炸声响起，亮光晃得你睁不开眼。

“再会了，侦探！哈哈哈哈……”

“站住！”

大笑声逐渐远去。过了好一会儿，你的视力才恢复。周围又回到寂静的黑暗中，怪盗消失了。

“让他逃了！糟糕，‘孔雀’呢？”

你慌慌张张地回到帐篷里。万幸，保险箱安然无恙，你心里悬着的大石头终于落了地。

“总算是守住了项链，但让怪盗逃掉了……哈提，谢谢你帮我。”

哈提不甘心地发出了呜呜的声音。你望向钟楼，现在是21 点 14 分。

【请在线索 T 处填入“成功保护‘孔雀’”，并在线索 T 的编号处填入“14”。】

330

相机专卖店的店主是一个矮个子老头，他透过厚厚的四

边形镜片微笑着打量来到店里的顾客。左右两侧的展示柜里满满当当地摆着二手相机、镜头、相机套以及养护工具。

调查线索 K → 前往 “330 + 线索 K 的编号”

331 ⮤297

“我看到今天报纸的私信栏里有一条署名为‘M.P.’的信息。”

“哎呀！这不是和我名字的缩写一模一样吗？”

“你觉得这个人是谁？”

“不好说，好几个人的名字缩写都是 M.P.，比如鞋店的米歇尔，米歇尔·皮斯科。”

“说得也是。另外，和 M.P. 一同刊登在报纸上的还有一组神秘的图形，看上去很像某种暗号。”

“我和米歇尔才没有使用暗号的必要呢！您问的事情好奇怪啊。”

332 ⮤320

你对着凯列拍了 4 次手，然后眨了 3 次眼。

随后，凯列慢慢睁大了双眼，站在那里一动不动。

时间仿佛静止了一般，她的目光停留在空中的某一处。

又过了一会儿，凯列眨了眨眼睛，她的眼眸中似乎藏着

一种从未出现过的力量。

“我是女巫的后代？刚才那些是觉醒的暗号吗？”

“凯列小姐，哈里·卡沙萨先生在旅店后巷被杀害了。侦破这起案件需要借助你的特殊能力，你愿意助我一臂之力吗？”

凯列轻轻点了点头，说：

“好。从今天开始，我每天晚上占卜一次，帮你判断一个村民的身份。那个人究竟是真正的人类，还是恐怖的怪物，只有我能够辨别。虽然我有些害怕，但我还是希望通过自己的力量，帮你找出狼人。”

“还有一点，这件事需要保密。要是狼人知道了，你可能会被盯上。”

“我明白了。”

“话说回来，凯列小姐喜欢哪个数字呢？”

“嗯……27 吧。因为我的生日是 27 号。”

333

↰400

你拾级而上，来到了祭坛。祭坛好像是用大理石砌成的。

祭坛深处的一部分墙壁被涂成五种不同的颜色。虽然大部分油漆已经脱落，但依然可以看出，墙壁被刷成彩色的时间在神殿被废弃之后。你在那面墙上看到了曾经在哈里·卡沙萨拍的照片上见过的符号，那是女巫的符号。

“难道油漆是女巫刷的？”

查看墙壁上的颜色 → 前往 261

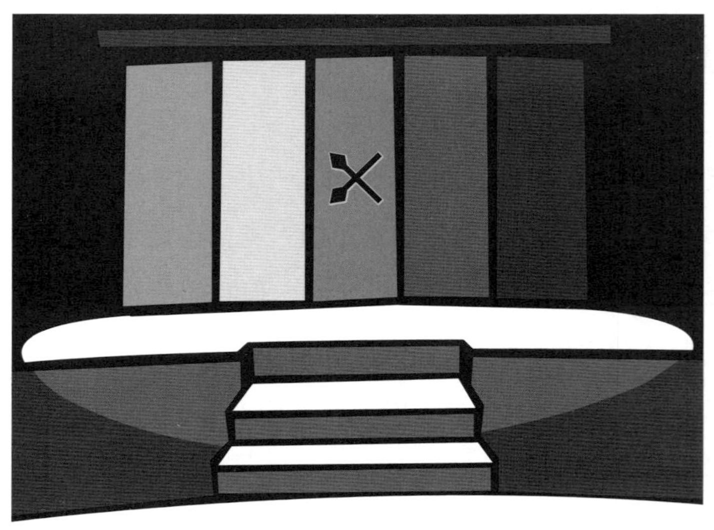

334

↰197

“你看今天早上的报纸了吗？米歇尔看到精灵了。”

“我看到了！报纸上说，米歇尔在我们家喝了下午茶之后就看到精灵了。”

“米歇尔在这里点了什么？”

“我想想……她点了越橘果酱芝士蛋糕和越橘茶。米歇尔最喜欢越橘了，就连她的香水都是这个味道的。”

335

↰196

中指代表“庇护”。

无论做了多么充分的准备，生活中总会发生意料之外的插曲。

在中指上戴戒指，你就能得到庇护，免于遭受意外带来的伤害。有了戒指的庇护，无论你在做什么事情，都可以无所畏惧，勇往直前。

虽然有勇气是好事，但是也不能盲目自负。当你圆满解决遇到的问题时，请你不要忘记感谢戒指对你的庇护。

与中指有关的幸运数字是 71。

336

↰192

“打开了！”

你把挂锁取下来，打开了往生室的门。

往生室里安静得令人不安。

正中央放着一张床，床上有一具盖着白布的尸体。你哆哆嗦嗦地掀开白布的一角。

皱皱巴巴的短外套和条纹马甲都被血染成了深红色。衣服内侧的口袋上绣着外文名的缩写“H.C.”。

“这就是给我写信的哈里·卡沙萨……”

你翻了翻他的口袋，里面掉出来一本破破烂烂的笔记本。你飞快地翻着笔记本，从里面的内容来看，他果然正在调查

关于女巫的事情。

突然，你在翻到某一页时停住了。这一页看起来比较新。

继续翻阅笔记本 → 前往 198

337 ↰120

出现在你眼前的是研究员杰瑞·乌佐。

两人对过接头暗号后，小声密谈起来。你屏息凝神，试图听清他们在说什么。

“新武器……研究所里……间谍……狼人……”

狼人？你有些不敢相信自己的耳朵，但杰瑞刚刚确实说了“狼人”这个词。

“这究竟是怎么回事？”

靠近两人听个清楚 → 前往 409

待在原地 → 前往 169

338 ↰37

“调查一下犯罪现场吧。”

你对地面、旅店的墙壁以及垃圾箱等处尽数进行了搜查。然而，你没有什么特别的发现。

“也是，怎么可能这么容易就找到线索呢？”

你轻轻叹了口气，无意识地抬头望向天空。

你发现从这里可以看到旅店 2 楼的窗户。

“换个角度看也许不失为一种好方法。”

339

↰274

凯列和你聊起了占卜结果。

“昨天夜里，我对帕斯卡进行了占卜，进入了他的内心。”

“你是说马车夫帕斯卡 · 阿尔马尼吗？”

“没错，帕斯卡正直又温柔，他是人类。”

340

↰102

你绕到教堂后面，在墓碑间缓缓走着。这里到处都是古老的坟墓，其中有些墓碑上的碑文经过风吹日晒，已经看不清了。站在墓地后面可以望见月之丘，墓碑之间的小路一直通向海德伦大街。

调查线索 L → 前往“340 + 线索 L 的编号”

341

↰ 270

你仔细看了看村长的右手。

他的右手中指戴着戒指。

342

↰ 282

“昨天，你在附近见过一只黑色的狗吗？”

“黑色的狗啊，见过。”

“真的吗？你还记得见到它的时候大概几点吗？”

“当时是我下班的时候，所以应该是 17 点。那只狗在我家鞋店边拐了个弯，无精打采地朝北边走了。”

【请在线索 Q 处填入“哈提的踪迹 3”，并在线索 Q 的编号处填入“17”。】

343

↰ 304

你走过前台，正巧碰到埃德加从楼上下来。

“埃德加先生，你要出门吗？”

“不，我只是想过来喝点儿咖啡。”

“那我们一起如何？”

“好啊。”

你点了两杯咖啡后，和埃德加面对面坐在大堂的沙发上。

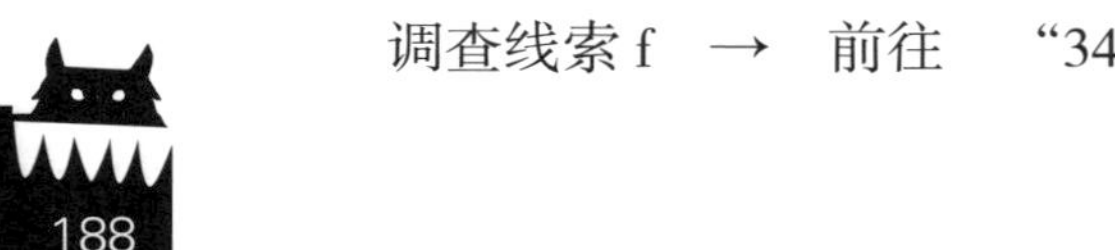

调查线索 f → 前往 “343 +线索 f 的编号”

344 ↰315

“凯列小姐，你喜欢观星，对吧？”

“是啊，工作结束之后，我经常去月之丘看星星，不过最近没怎么去了。”

“你知道今天晚上月亮升到最高处时是几点吗？”

“用星盘算一下就知道了。但是很抱歉，我要去送花了。”

“百忙之中打扰你，真是不好意思。我自己算吧，你能将星盘借给我用一下吗？”

“没问题。如果你有什么不懂的地方，还可以参考我的笔记。”

凯列拿出星盘和笔记本递给你之后，就出门去送花了。

用星盘推算 → 前往 240

345

马车总站旁，马正在喝水，帕斯卡则靠在马上吞云吐雾。

“你在休息吗？”

“没错，侦探先生，你好啊。”

询问帕斯卡的状态 → 前往 09

调查线索 o → 前往 “345 + 线索 o 的编号”

346　↰246

“有没有哪个童话故事提过巨人或孔雀？”

“你说的是巨人和孔雀的故事吧？稍等我一下。”

不一会儿，埃尔希就拿来了手抄本。

阅读《巨人和孔雀》　→　前往　40

347

“打扰你休息了，真是不好意思。”

“没事，请不要放在心上。”

帕斯卡·阿尔马尼正在马车总站里啃面包。

聊聊面包　→　前往　94

调查线索 U　→　前往　“347 + 线索 U 的编号”

348　↰284

“玛丽小姐，你是来购物的吗？”

“是的，因为我看报纸上说今天这里打折。你觉得这双鞋怎么样？”

玛丽脚上穿着一双藏青色的皮鞋。

“很适合你。”

“好敷衍啊。话说，那个店员是不是太没精神了？我看她

在那里一个劲地打哈欠。”

349

⮤195

“昨天我对珠宝商帕特菲进行了占卜。我之前一直觉得那个人怪怪的，没想到……”

“没想到什么？”

“帕特菲也是人。他虽然性格孤僻，但本性并不坏！”

调查线索 w → 前往 “349 + 线索 w 的编号”

350

你望了一眼马车总站，马车夫帕斯卡·阿尔马尼正在因为什么烦恼着。

“你遇到什么麻烦了？”

听到你的声音，帕斯卡唰地一下抬起头。

“啊，是这样，从明天开始，马车的时刻表要调整了。”

“我在报纸上看到了。哎呀，这不是时刻表吗？怎么被撕碎了？”

“我以为这是张废纸，就随手撕了……我怎么会这么冒失啊！站长要是知道了，肯定会臭骂我一顿！”

帕斯卡拼命揉着自己的头发。你看到他的手上戴着防滑用的白手套。

“所以你在为这件事烦恼吗？”

“嗯。我想趁着赶车的间隙把时刻表拼好，但是时间完全不够用……虽然有点儿唐突，但你能帮帮我吗？你看上去很聪明。什么？你是侦探？我就说嘛！”

帮帕斯卡拼好时刻表 → 前往 106

拒绝帕斯卡的请求 → 前往 404

351 ⮥280

你看了看正在摆弄自己头发的米歇尔的右手。她的中指戴着戒指。

352

当你来到马车总站时，帕斯卡刚好回来。

“你好，帕斯卡先生，辛苦了。”

“是侦探先生啊，昨天真是太感谢你了。多亏有你，马车今天才能顺利运行！”

帕斯卡利索地从驾驶位上跳下来，拍了拍衣服上的尘土，点了一支香烟。

询问马车的运行状况 → 前往 408

询问关于詹姆斯·梅斯卡的信息 → 前往 187

聊聊香烟 → 前往 218

调查线索 O → 前往 “352 + 线索 O 的编号”

353 ⮤302

埃德加将你请进了屋。

“很抱歉，我一会儿打算出门，时间不太充裕……”

“百忙之中打扰你，真是不好意思，我问几句话就走。”

询问埃德加旅行的目的 → 前往 181

调查线索 N → 前往 “353 + 线索 N 的编号”

调查线索 R → 前往 “353 + 线索 R 的编号”

354

帕斯卡刚刚驾车环绕村子一周，正一脸忧郁地从马车上下来。

“侦探先生，你好。”

“你好，帕斯卡先生。听说你当选了青年团的团长。”

“是的。虽然我不像詹姆斯那样有高超的修理技术，但也想尽绵薄之力，为村里做点儿贡献。”

询问最近发生了什么事 → 前往 123

询问帕斯卡有没有见过奇怪的人 → 前往 396

355

“狼人……要是女巫还活着就好了。”

费利克斯用手托着下巴，望着那幅画自言自语。现在已经过了用餐时间，餐厅里没什么客人。

看到你之后，费利克斯低下了头。

询问关于画的信息 → 前往 119

调查线索 v → 前往 “355 + 线索 v 的编号”

356 ⮥285

你观察了弗里茨的右手，看到他的右手中指戴着戒指。

357

“听说精灵出现了，客人们全都跑去梅尔格池塘了，今天生意真的好萧条啊。”

厨师费利克斯苦笑着说。他正在准备晚餐，将烹煮食物的大汤锅放到炉子上后，他深深叹了一口气。

聊聊波利娜的胸针 → 前往 07

聊聊费利克斯做的菜 → 前往 394

358 ↰186

“这些好像是高脚杯的碎片，这里还有用右手握过的痕迹。仅凭这一处痕迹还无法判断握过杯子的人是男是女……您家里有没有右手中指戴戒指的人？”

“没有，我的戒指一般戴在右手的食指和小指上，其他人都不戴戒指。”

确实，科尼亚克先生的右手中指并没有戴戒指。

“原来如此。那就说明，这是偷宝石的人留下的痕迹。估计展柜被打碎时，上面放着的高脚杯也跟着摔碎了。看来，这个怪盗挺冒失的，竟留下了如此清晰的戒指的痕迹。科尼亚克先生，说不定这个案件可以轻松侦破。”

“听你这样说，我就放心多了！看来，‘被囚禁的苹果’回到我身边就只是时间问题了！哈哈哈哈！”

【请在线索 D 处填入“右手中指的戒指”，线索 D 的编号暂时无须填写。】

【请在重要信息栏 3 中填入“怪盗的右手中指戴着戒指”。】

359 ↰349

“安娜，你是什么星座的？”

“处女座，怎么了？”

“没事，我就随便问问。”

360

绵羊树桩餐厅已经有150多年的历史了，是一家擅长制作乌克梅尔传统料理的老字号餐厅。

餐厅地处热闹的贝亚德大街，里面摆放着质朴的装饰品，铺着波多卢奇地区特有的素色地毯，这些装饰都营造出令人平静的氛围。这家餐厅并没有因为是老店就对客人趾高气扬。人们评价说，这是一家能够让人享受用餐过程的餐厅。

但不管怎么说，真正使这家餐厅一直保持极高人气的秘诀是“绵羊树桩土豆饼”。

厨师费利克斯·科恩在厨艺方面极具天赋，年仅24岁便已成为下任厨师长的候选人。不少客人都是冲着他做的土豆饼来这家餐厅的。

考古学家哈里·卡沙萨在被杀害之前，好几个村民看到他也来这里吃了费利克斯做的土豆饼。

和费利克斯·科恩交谈　→　前往　228

361　↰378

桌子上杂七杂八地堆放着许多资料，其中竟然有盖着王国军队印章的文件，这让你着实吃了一惊。

“狼人计划？ 1882 年……距离计划开始已经过去了 10 年！”

机密文件记录了如何使狼人觉醒的相关研究。狼人的后代在乌克梅尔村出生，但是它们只有在看到某种暗号之后才会觉醒。过去 10 年，一直有人在进行相关研究。

“1892 年 2 月，狼人觉醒……竟然有这种事？！”

“别动。”

你转过头，发现杰瑞研究员的枪口正对着你。

“杰瑞研究员，你想干什么？！”

“如你所见，整个村子都是我的实验基地！美丽的“天空孤岛”乌克梅尔村将因我的研究而永远留在人们的记忆之中！”

“所以破坏乌克梅尔桥的人是你！”

“没错！乌佐扑翼机已经完成试飞，我也差不多可以从这里离开了。既然你知道了这个秘密，我就只好亲手杀了你。”

杰瑞研究员扣响了扳机。

枪声响起，冰冷的子弹贯穿了你的身体，强烈的冲击使你向后飞了出去，倒在了地上。

杰瑞研究员放下冒着硝烟的手枪，离开了房间。

【请在重要信息栏 23 中填入“杰瑞研究员使狼人觉醒”。】

调查线索 j → 前往 “361 + 线索 j 的编号”

未获得线索 j → 前往 229

362

人来人往的餐厅里，你从坐的位置刚好可以看到厨房，费利克斯正在厨房里忙个不停。你听年轻的服务员说，再过一会儿，他差不多就能闲下来了。

你一边吃土豆饼一边等，客人陆陆续续地离开，费利克斯看到你之后，从厨房里走了出来。

“嗨，费利克斯先生。土豆饼很好吃。”

“你的称赞可真令人高兴。好累啊，我稍微休息一会儿。”

询问关于詹姆斯·梅斯卡的信息 → 前往 146

聊聊今天报纸上的新闻 → 前往 314

询问最近是否有奇怪的事发生 → 前往 98

363

↰284

“侦探先生，你是不是也看到精灵了？”

“咦，你怎么知道的？”

“因为安娜告诉我，你让她做了越橘果酱。那个精灵好像很喜欢吃越橘。”

“嗯，我找精灵有点儿事。”

“侦探可真不好当。话说，精灵也问你了吗？”

“问什么？”

“精灵问我‘越橘很好吃，还有别的吗？’，真贪心。”

364

费利克斯坐在餐厅里的餐桌前，一边抽烟，一边读报纸。

“你好，费利克斯先生。你今天休息吗？”

“你好，侦探先生。没错，我今天休息。但是，不在餐厅里待着总觉得有些坐立不安。”

询问他正在读什么 → 前往 191

365

⮤330

“这里可以洗照片吗？”

“可以，你就用里面的那间暗房好了，1 小时 20 拉兹。”

你付了钱，走进暗房。

进入暗房 → 前往 129

366

⮤345

“昨天晚上 21 点 02 分，杰瑞研究员被杀害了。那个时候你还在驾驶马车吗？”

“是啊，最后一班马车是我驾驶的。你只要和我的同事打听一下就能知道。”

“你还记得马车上载了哪些人吗？”

“21 点发车的那班马车是吧？我找找。这是乘客名单。”

5 月 14 日 21 点发车
始发站：达拉尼钟楼　终点站：马车总站
埃文·菲兹　Evan Fizz
从达拉尼钟楼到马车总站
帕特菲·金　Pataphy Gin
从达拉尼钟楼到乌克梅尔图书馆
埃德加·基尔希　Edgar Kirsch
从达拉尼钟楼到马车总站
埃尔希·拉基亚　Elsie Rakia
从乌克梅尔图书馆到马车总站
玛丽·库米思　Marie Kmis
从达拉尼钟楼到马车总站

“这是乘坐 20 点 30 分发车的那班马车的乘客名单，不过这辆马车不是我驾驶的。”

5 月 14 日 20 点 30 分发车
始发站：马车总站　终点站：达拉尼钟楼
艾里特·基尔　Irit Kir
从马车总站到达拉尼钟楼
费利克斯·科恩　Felix Korn
从马车总站到达拉尼钟楼
玛尔戈·佩里　Margo Perry
从马车总站到乌克梅尔广场

“从马车总站到下一个站点需要多长时间？”

“15 分钟。”

367 ↰ 247

“波利娜一直戴着一枚 A 字形胸针，是因为 A 是她的姓氏首字母吗？”

“你是说 A 字形胸针吗？那是反战组织阿里斯托的成员的徽章。哼！阿里斯托是一个行为过激、不择手段、惨无人道的组织。没想到，那个喜欢养狗的波利娜居然是这个组织的一员。”

368 ↰ 352

“帕斯卡先生，昨天 16 点左右，你有没有见过一只黑色的狗？就是波利娜小姐养的那只叫哈提的狗。”

“我见过。当时我让马在那边的饮水处休息，突然，一只黑色的狗叫着跑了过来。我担心马受惊失控，就赶紧把它赶走了。那只狗戴着项圈，可能就是波利娜的狗吧。”

“你还记得具体时间吗？”

“16 点 40 分。”

“距离波利娜弄丢哈提正好过去了 60 分钟……它往哪里跑了？”

“它朝着花店的方向跑了。”

【请在线索 P 处填入“哈提的踪迹 2”，并在线索 P 的

编号处填入“60”。】

369 ↰315

“昨天，我对最近到村里来的那个杂技演员进行了占卜。”

“你是指玛丽·库米思小姐吗？”

“没错。玛丽小姐的内心天真烂漫而又活泼，就连我都受到她的影响，变得充满正能量！”

“也就是说玛丽小姐……”

“她是人，不是狼人。”

调查线索 w → 前往 “369 + 线索 w 的编号”

370 ↰290

“詹姆斯先生，你看这截链条能用吗？”

“噢！真是太完美了！多谢你了！”

詹姆斯一眨眼就换好了零件。看来，他的技术确实很高超。

“修好了！今天的工作就做到这里吧。侦探先生，你是要问我什么事情吧？”

“咦，我说过自己是一名侦探吗？”

“这么小的村子，你在探案的消息早就传开了。”

调查线索 F → 前往 “370 + 线索 F 的编号”

371 ↰57

“说起来，波利娜生前戴着一枚A字形的胸针，您有印象吗？”

“嗯，那枚胸针是反战组织阿里斯托的东西。为了维护和平，他们和王国军队不断斗争，组织了很多活动。人们都说他们是惨无人道的极端组织，但这是王国军队为了控制舆论故意放出的假消息，实际上，他们是反对战争和暴力的和平组织。”

372 ↰32

“能够借阅的就只有放在阅览室里的图书吗？”

“不，放在书架上的书都可以借阅，但旧报纸之类的珍贵文献采取闭架式管理。你有什么想借的书或文献就告诉我，我去帮你取。”

373 ↰244

“简直可恶至极！我希望你帮我揪出怪盗八十八面相，将我的宝石找回来！事成之后，你要多少报酬都行。”

“我试试吧。您能跟我说说被偷走的宝石吗？”

“那是一颗名叫‘被囚禁的苹果’的宝石。即使我的珍贵藏品很多，它也算价值极高的。”科尼亚克先生一脸得意地说道。

“原来如此。那颗宝石之前就放在这间房间里吧？”

“没错。放宝石的展柜被打碎了，那边窗户上的锁也被撬开了。”

查看窗户 → 前往 108

查看被打碎的展柜 → 前往 227

374

↰274

“我有样东西想请你帮我看一下。”

你将今早夹在报纸里的那朵花递给凯列，凯列轻轻地把花捏了起来，对你说：

“这是木瓜花。”

“木瓜？可恶的怪盗，这是在讽刺我是个木讷的笨瓜吗？”

“可惜我对这种花不太了解，只知道它有5片花瓣。你要想知道更多信息，可以去图书馆看看，那里有一本《花语辞典》，它可能对你有帮助。”

【请在线索X处填入“木瓜花”，并在线索X的编号处填入“5”。】

375

↰355

“有件事想请你帮忙。”

你拜托费利克斯把挂在墙上的画翻转过来，好让你查看

画的背面。

费利克斯感到不可思议，但还是解开了画框旁的金属扣，把画翻了过来。

正如村长说的那样，画的背面涂抹了一层石膏。在得到餐厅店长的允许之后，你用锉刀刮起了石膏。

刮开石膏 → 前往 86

376

↰142

詹姆斯的房间里放着书架和书桌，书桌旁有一个放修理工具的橱柜，书桌上摆着烛台和天平，还有相机和皮质的相机套，地毯上还残留着脚印和血迹。你对巨大的狼人脚印进行了一番调查，但遗憾的是，没有发现任何线索。右边的墙壁上有一扇窗户，两侧挂着蕾丝窗帘，想必这是詹姆斯的妻子缝制的。

查看书桌 → 前往 265

查看橱柜 → 前往 415

查看书架 → 前往 51

377

↰343

“埃德加先生，有件事不知当讲不当讲……”

“请问是什么事？”

“你是为了寻找双亲才踏上旅途的吧？”

“没错。”

“之前你说你的生日是哪一天来着？”

“6 月 24 日。”

“这件事可能会让你感到万分悲痛……”

“我踏上旅途前便已经做好了接受一切的思想准备。请你不要有顾虑，直说吧。”

你将从图书馆里借来的旧报纸递给埃德加。

“这个日期……这是我出生后第二天的报纸！”

埃德加的脸色变了，你难以分辨他的神情中惊讶和悲伤的成分哪种更多一些。

“这位名叫弗里茨·基尔希的钟楼管理员真的是我父亲吗？”

“嗯，你脖子上的那块胎记……”

埃德加再次确认了报纸上的照片，婴儿的脖子上确实有一块胎记，它和自己身上的相同。

“怎么会这样……失散多年的父亲明明近在咫尺……”埃德加失声痛哭。

“如果能在弗里茨先生还在世的时候把这个消息告诉他就好了……请节哀，我先走了。”

你站了起来，准备离开。

“请等一下！侦探先生，请让我向你表达感谢。我终于

能够结束这漫长的旅行了。从今天开始，我要用我真正的名字——埃德加·基尔希开始新生活。这一切多亏有你！”

“不用谢，我只是在调查案件的过程中恰好打探到了你的身世。”

“不，我真心感谢你！听说你在收集关于女巫的消息，我刚好听说，一位古代旅行家经过这个村子时作了一首诗，说不定它对你有帮助。”

“旅行家之诗？”

埃德加充满感情地念起诗来：

“花是启程的信号，前方是下降的坡道。

请迈开脚步，一路向前，

走到尽头，转身向下，

你将看到来时的路。”

念完诗，埃德加接着说：“很奇妙的诗对吧？据说这首诗是 1458 年来这个村子旅行的工匠所作。”

“旅行的工匠？就是他给钟楼制造了机械人偶，还和女巫结了婚，对吧？”

“嗯，据说女巫听他念完这首诗，将预言写在了书上。”

【请在线索 g 处填入“旅行家之诗”，并在线索 g 的编号处填入“58”。】

【请在重要信息栏 20 中填入“花是启程的信号，前方是下降的坡道。请迈开脚步，一路向前，走到尽头，转身向下，

你将看到来时的路”。】

【请在重要信息栏 21 中填入“埃德加的真名是埃德加·基尔希”。】

378 ↰ 67

借助梯子，你爬到了下水道的出口。出口被一个圆形的盖子封着，你用力将它抬起，从缝隙窥探外面的情况。你看到了白色的药品柜和一些陌生的器械，看来这里是研究所里的某一间房间。房间里看起来空无一人，你掀开盖子，潜了进去。

查看药品柜 → 前往 289

查看桌子 → 前往 361

379 ↰ 369

“凯列小姐，你是什么星座的？”

“我的生日是 12 月 27 日，我是摩羯座的。”

380 ↰ 353

“虽然有点儿唐突，但我想问一下，你穿多大码的鞋？”

“26 码。怎么了？”

“没事，随便问问。失礼了。”

381 ↰228

费利克斯带你来到餐厅深处的墙壁前，将哈里感兴趣的那幅画指给你看。他的右手中指戴着一枚戒指。

“就是这幅画。具体情况我也不太清楚，但是这幅画的年代相当久远，据说是以前村里的女巫画的！”

382 ↰322

“凯列小姐，昨天傍晚你见过一只黑色的狗吗？”

“昨天傍晚？没见过。黑色的狗——莫非是波利娜小姐家的哈提？”

“正是。”

“今天早上米歇尔来买花的时候，说她昨天见过哈提呢。”

383 ↰423

你查看了花毛茛的花语。

“原来花毛茛的花语是‘魅力’。”

384 ↰340

“女巫的墓一定就在这里的某个地方。”

怎样才能找到女巫的墓呢？你忽然想起书中夹着的那张墓碑位置图，连忙把它拿了出来。只见图的左上角和右上角分别画着一棵树。

请参考随书附赠的墓碑位置图，找出女巫的墓，然后前往女巫墓碑上的数字对应的小节。

385 ↰02

“最近，来村里观光的杂技演员玛丽对钟楼赞不绝口。”

弗里茨的视线依旧停留在报纸上。

“马车夫帕斯卡也说他非常信赖您的能力。”

弗里茨一言不发。

“他说自他出生以来，一次都没有遇到过钟楼时间不准的情况。”

弗里茨瞪了你一眼。

“有过的……”

“什么？”

“我是说，钟楼的时间出现过差错。”

“真的吗？”

“哼！”

你向他打听缘由，可弗里茨再也不搭理你了。

386 ↰216

钟楼响起了22点的钟声，机械人偶出现了。

月光照在机械人偶的眼睛上，突然，人偶身上仿佛有什

么机关被触动了，一张小纸条弹了出来，落在你脚边。

你展开纸条，只见上面写着："每天早晨，女巫都给你留了信息。"

"每天早晨？女巫的信息？"你每天早晨出门调查前，都会阅读当天的报纸，难道线索藏在报纸上？

你将这五天的报纸摊在桌上，仔细观察，果然在报纸上发现了代表女巫的符号。除了文字，这五张报纸的颜色似乎在哪里见过。

"神殿里的墙壁正好是这五种颜色的！"

你开始在脑海中整合已经掌握的信息。

"嗷呜……"

狼人发出了叫声，似乎快要醒过来了。

请找出女巫留给你的信息，找出其中的数字并前往对应的小节。

387

↰297

"我和波利娜经常在广场上聊天，一聊就是好几个小时。我在心里把她当成亲妹妹，没想到她居然会被杀害……我一看到今天早上的报纸就立刻冲去她家，可是我实在太难过了，连看一眼都不忍心……"

玛尔戈痛苦地擦掉眼泪，极力控制颤抖的声音，继续说

道：“内莫村长在遭受接二连三的打击后一蹶不振，但他今天早上还是强打精神去波利娜家，收养了她的 3 只狗。村长回来时，哈提好像叼着什么东西。”

“哈提叼着东西？”

“嗯。哈提嘴里叼着一个黑乎乎的东西，不过我没有看清是什么。”

388

5 月 14 日。

请打开第 4 天的搜查页，阅读搜查页背面的报纸后出门开始调查。在今天的调查过程中，要将地图上的每一个地点编号都加 4，然后前往相应的小节。

下面的表格中列举了三项人物特征。根据前几天的调查结果，如果某个人物符合某项特征，请打“√”。三项特征都符合的人就是怪盗八十八面相。去和怪盗伪装成的这个人见面时，请先将这个人所在地点的编号加上 4，再加上表格中“√”的总数，然后前往它们的和对应的小节。

姓名	职业	右手中指戴戒指	穿 27 码的鞋	有胡子
安娜·卡尔巴多斯	咖啡馆服务员			
凯列·鲁姆	花店店员			
埃德加·罗斯	旅行家			
埃尔希·拉基亚	图书管理员			
费利克斯·科恩	厨师			
弗里茨·基尔希	钟楼管理员			
詹姆斯·梅斯卡	修理工			
杰瑞·乌佐	研究员			
玛尔戈·佩里	旅店老板娘			
玛丽·库米思	杂技演员			
米歇尔·皮斯科	鞋店店员			
内莫·格拉帕	村长			
帕斯卡·阿尔马尼	马车夫			
帕特菲·金	珠宝商			
波利娜·阿拉克	无业			
托马斯·科尼亚克	商人			

389 ⮬361

“好疼……”

一度陷入昏迷的你醒了过来。

“我……我还活着？这是为什么？”

杰瑞研究员向你开的那一枪威力非同小可，怀表都在你倒下时被撞坏了。

你勉强撑起上半身，来回抚摸着本应被子弹贯穿的左胸口，发现上衣的内侧口袋里装着一个白色布袋。

“这是那个老婆婆送给我的护身符！”

你将变得破破烂烂的护身符从布袋中拿出来，这时，一样东西从袋子里掉到了地上。

那是一颗外形奇特的蓝宝石，蓝宝石中央还嵌着一颗红宝石。

“有双层结构的宝石！这是‘被囚禁的苹果’！”

“被囚禁的苹果”正是科尼亚克先生被怪盗八十八面相偷走的宝石。为什么那个老婆婆有这颗宝石？

你恍然大悟。那个老婆婆就是怪盗八十八面相假扮的！

“怪盗为什么要把‘被囚禁的苹果’交给我？”

你拖着无力的双腿离开了杰瑞研究所。

调查线索 h → 前往 “389 + 线索 h 的编号”

390

⮥370

“昨天晚上 8 点左右，你有没有注意到什么异常？”

“昨晚 8 点左右？”

“没错，无论多小的事情都可以和我说说。”

“有个穿黑衣服的人从我面前跑了过去，那人看起来十分可疑。”

“穿黑衣服的人？”

“嗯。不过，我不确定那个人究竟是男的还是女的，毕竟我没有看到那个人的脸。”

“那个人朝哪个方向跑了？”

“那个人是从科尼亚克先生家的方向过来的，从我面前跑过后，在尤弥尔大街和魔犬大街的交会处左转了。”

“你还记得具体时间吗？”

“那时候我老婆正好回来。尤玛，你昨天是几点回来的？”

店里传来詹姆斯妻子的回答声。

“8 点 25 分！”

“你听到了吧。我老婆记时间可准了！哈哈哈哈！”

【请在线索 H 处填入“逃跑路径 1”，并在线索 H 的编号处填入“25”。】

391

⮥282

“这些花好漂亮啊，而且闻起来很香。”

"它们是我今天早上在凯列的店里买的，但这些花的香气应该很淡啊。"

"咦，那这股酸酸甜甜的气味是？"

"大概是我的香水味吧，越橘味的，我最近很喜欢。"

392 ↰124

"表演从箱子里逃脱时戴的手铐现在在你身边吗？"

"嗯。"

"手铐上要是有链条的话，可以借给我吗？我怀表的链条断了。"

"好啊，反正我还有备用的，借给你也无妨。"

玛丽把手铐上的链条取下来交给了你。她的右手中指戴着戒指。

"太感谢了。这链条大约有 80 克重吧。"

"你的关注点真奇怪。"

【请在线索 G 处填入"手铐的链条"，并在线索 G 的编号处填入"80"。】

393 ↰353

"昨天，你在附近见过一只黑色的狗吗？"

"黑色的狗？没见过。昨天我有些事情，去图书馆了。"

394 ↰357

“你在做什么菜？”

“我在煮香肠浓汤，这是今天的晚餐。”

“闻起来好香啊。你做的一定特别好吃。”

“过奖了，我还在不断学习，每天都要去各处品尝不同的菜肴。”

“有什么推荐的美食吗？”

“我推荐角笛咖啡馆的芝士蛋糕，蛋糕里的越橘果酱是点睛之笔。安娜真是一流的甜点师。”

395

5 月 15 日。

请打开第 5 天的搜查页，阅读搜查页背面的报纸后开始调查。在今天的调查过程中，要将地图上的每一个地点编号都减 5，然后前往相应的小节。

396 ↰354

“最近你驾驶马车的时候，有没有在村里见过奇怪的人？”

“没见过，但总觉得有什么不对劲，我自己也搞不清楚究竟是哪里出了问题。”

397 ⮤347

“军人？今天早上我的确载过一个体格强壮的男人。”

“可以给我看看今天早上的乘车记录吗？”

“给你，就是这个。”

肯维塔·阿尔基	Kvieta Aruhi
米歇尔·皮斯科	Michelle Pisco
彼得罗妮拉·梅斯卡尔	Petronella Mezcal
迈克尔·普逵	Michael Pulque
安娜·卡尔巴多斯	Anna Calbados
杰克·辛加尼	Jack Singani
阿基·萨加多	Aki Sagardo

“迈克尔·普逵……名字的缩写是 M.P.……”

“啊，就是这位乘客，看上去很像军人。他打听了今天最后一班马车的发车时间后就离开了。”

“谢谢你的帮助。我记得在报纸私信栏刊登消息的收费标准是每个字 55 拉兹。”

【请在线索 V 处填入“在私信栏刊登消息的人是迈克尔·普逵”，并在线索 V 的编号处填入“55”。】

398 ⮤202

“这种果酱酸酸甜甜的，真好吃。”

“谢谢夸奖！果酱是我用越橘做的。我可是很擅长做果酱的。”

399 ↰114

“您再往那边走走，很快就能走到大路上了，到时候再找个人问路就行。”

你伸手指了指大路的方向。老婆婆轻声嘀咕了一句：“真是个冷漠的年轻人。”然后，她拄着拐杖，步履蹒跚地走远了，只给你留下一个落寞的背影。

你将老婆婆抛在脑后，登上了月之丘。

这里就是昨晚杰瑞和那个军人碰面的地方，他们一定知道关于狼人的信息。你在附近来回查找，希望找到一些线索，最终却无功而返。

400 ↰91

穿过郁郁葱葱的森林后，一片绿色的草地映入眼帘。草地上矗立着一座荒废已久的神殿。石堆的缝隙中杂草丛生，耸立的柱子上满是裂缝，缠满了爬山虎。穿过雕刻着繁复花纹的拱门后，你来到神殿北面，这里有通往祭坛的台阶，而台阶右侧的建筑物似乎是一座宝库。

前往祭坛　→　前往　333

前往宝库　→　前往　24

401

↰165

你上了 3 楼，用钥匙打开齿轮房的门。数个巨大的齿轮相互咬合，一边转动一边发出嘎吱嘎吱的响声。

你无意间瞥了一眼地板，发现有什么东西在闪着光。

查看墙面　→　前往　321

查看地板上发光的东西　→　前往　159

402

↰255

“我昨天遇到了一连串倒霉事。多亏了你，我才能把村长救出来。”虽然精灵没有现身，但你还是对着池水道了谢。

就在你准备离去时，头顶突然传来一阵唰唰声，随后，什么东西掉在了你的脚边。

那是一个苹果。

你抬头望向周围的树。

“奇怪，这里并没有苹果树啊……”

你把苹果捡了起来，仔细观察。苹果一半红彤彤的，另一半却是蓝色的。

“怎么回事？这么大的苹果一般重 300 克左右，这个苹果还真轻啊，似乎只有普通苹果的一半重。”

【请在线索 x 处填入“苹果”，并在线索 x 的编号处填入“150”。】

403 ↰315

“凯列小姐，关于那条名为‘孔雀’的项链，就是那个选美大赛的奖品，你还知道什么吗？”

“‘孔雀’？我完全不了解项链这类首饰，不过帕特菲先生给我讲过的一个神话故事提到过孔雀。”

“什么故事？”

“我记得讲的是巨人的眼睛……抱歉，隔得太久了，我记不清了。要不你直接去问问帕特菲先生吧。”

404 ↰350

"不好意思，我现在恐怕没有时间。"

"没关系。唉，我该怎么办啊……"

405 ↰288

6个教徒正在这里做礼拜。等他们做完礼拜后，你跟他们搭话：

"你们经常来这座教堂吗？"

"是的。我们在这里偶尔还会遇到花店的凯列小姐呢。"

"这样啊。"

406 ↰111

"Kraws zlaqangs！"

你用精灵语大喊。

宝库的浮雕发出了光芒，一阵强烈的热风席卷而来。热风越刮越快、越来越烫，你只能勉强在风中站立。狼人被热浪裹挟，痛苦地咆哮几声后，消失在了森林中。

过了许久，风势逐渐变得缓和，周围恢复了宁静，仿佛无事发生过。

"得救了……"

你浑身无力，瘫倒在地上。

"有人吗？"

宝库里传来了微弱的人声，你甚至怀疑自己幻听了。

询问对方的身份 → 前往 207

407

↰389

离开杰瑞研究所后，你向星空花店走去。凯列看到负伤的你，大吃一惊，赶忙帮你包扎伤口。

“凯列小姐，你知道木瓜花真正的含义是什么吗？”

“真正的含义？你指什么？”

“比如说学名之类的……”

“我想想，我只记得它的学名应该是‘Chaenomeles’，取自古希腊语中的‘chaino’和‘melon’，有‘打开苹果’的意思。”

“打开苹果……也就是说花的真意是‘打开苹果’？花的真意揭晓之时——也就是将苹果打开的时候，风将指引你进入神殿……”

这时，不知从哪里传来了精灵的声音：“了解宝石的人，会告诉你打开苹果的方法。”

村里最了解宝石的人非帕特菲莫属。你连忙拿起宝石，向他家奔去。没想到，帕特菲却愁眉苦脸地向你求助：“我不小心将客人预订的两个一模一样的苹果吊坠混在一堆半成品里了，帮我找出来吧，侦探先生。”

请拆掉护封，在封底找出一模一样的两个苹果吊坠，然后前往吊坠上的数字对应的小节。

408

↰352

“时刻表没什么问题吧？”

“嗯！时刻表非常完美。接下来，我只要按照上面的时间发车就行。”

“听说你驾的车相当准时，大家对你的评价都很高。”

“这都要归功于钟楼。从村里的每个角落都能看到钟楼，所以无论我拐到哪里，都能确认时间。”

“原来如此。”

“我比任何人都信任钟楼管理员弗里茨先生。毕竟从我出生到现在，钟楼上的钟从未出现过不准时的情况。要将那么古老的钟调得分秒不差，只有弗里茨先生能做到吧。”

“弗里茨先生算得上一位无名英雄了。”

“没错。弗里茨先生总是怀表不离身，他一定是根据怀表来随时判断钟的时间是否准确。”

409

↰337

“再靠近一点儿。”

你缓缓移动，试图靠近两人。渐渐地，你能听清他们在说些什么了。

“如果成功……”

突然，两个人停止对话，你立刻紧张地绷住了身体。

“谁在那儿?!”

军人迈克尔·普逵冲着你的藏身之处低喝一声。他竟察觉到了你微弱的气息!

糟了!

迈克尔·普逵从怀里掏出手枪，朝着灌木丛一通射击。

你身中数枪，倒在了地上。

游戏结束。

410 ⮤322

“你今天看起来很忙。”

“是啊,今天早上的订单比较多,不过现在已经告一段落了。”

凯列拂去额头上亮晶晶的汗珠，望着天空说:

“今天夜里，月亮会很美吧。”

“你对观星很感兴趣吗?”

“是啊，这是我的爱好。夜深人静时，躺在月之丘上仰望星空，感觉真是棒极了。”

411 ⮤185

“找到了! 就是这个!”

你不断挖着，终于挖出了整块石板。石板上刻着代表女

巫的符号。

你将石板上的泥土扫去，看到这样几行数字。

“只要解开这道谜题，应该就能知道狼人是谁了！”

8	3	4	2	8	1	9	5
0	6	1	7	5	0	9	4
	2	7	0		2		

412

↰277

“你看到了吗？今天报纸的私信栏里刊登了一些奇怪的东西——一组意味不明的图形，署名 M.P.。”

“M.P.？感觉有些耳熟。”

“米歇尔，你名字的缩写就是 M.P.。你有什么头绪吗？”

“啊，米歇尔·皮斯科，还真是……可别说头绪了，我都没有订报纸，刚刚听你说了才知道有这么回事。”

“这样啊。那么这个人到底是谁呢？就算我去报社打听，人家也不会告诉我吧。”

“那个署名有什么问题？”

“和署名一起登在报纸上的还有一组可疑的图形，我想调查一下。”

“不知道和这件事有没有关系，我今天早上正巧遇见了一个可疑的人。”

“可疑的人？”

“嗯，一个身材魁梧的男人。他和另一个人同乘一辆马车，驾车的人是帕斯卡，要不你去问问他？”

413 ↰286

地图上面写着1877，看来是15年前绘制的。从地图上看，下水道遍布村子的各个角落。

“幽威大街附近好像有一个下水道入口。”

【请在线索 i 处填入“下水道地图”，并在线索 i 的编号处填入“15”。】

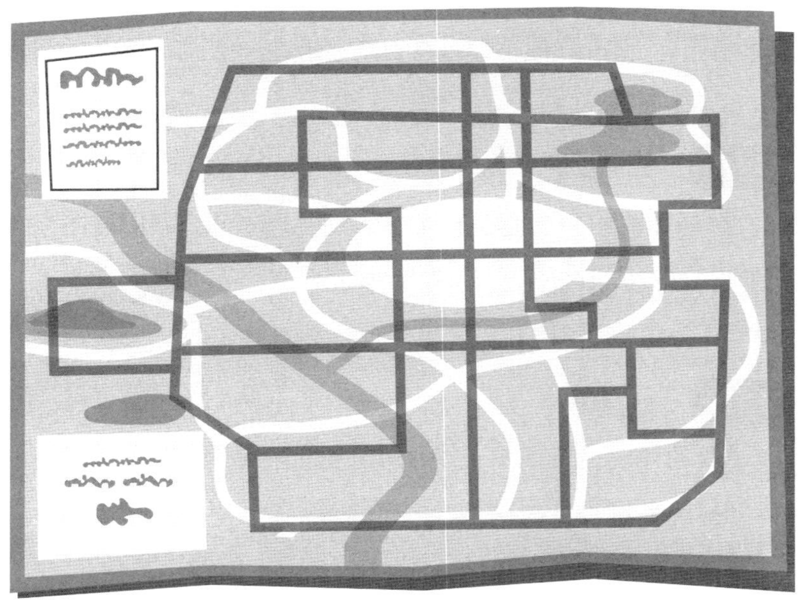

414 ↰70

"我看到今天早上的报纸上写着，一颗名为'被囚禁的苹果'的宝石失窃了，你知道那是一颗怎样的宝石吗？"

"'被囚禁的苹果'？那可是世上最稀有的宝石之一。它有双层结构，内部还嵌着一颗苹果形状的宝石。这样的结构使人们很难对其内部的宝石进行鉴定，但它一定蕴藏着某种神秘的力量。"

"神秘的力量？"

"没错。不过那个叫科尼亚克的男人可不懂宝石的好坏。虽然不知道那个怪盗是何方神圣，但要是'被囚禁的苹果'一直归科尼亚克所有，我还不如亲自去把它偷过来呢，哈哈哈哈……"

415 ↰376

你打开橱柜门，看到里面杂乱地放着木榔头和铁钳之类的工具，好像没有什么不对劲的地方。

416 ↰140

"我的怀表最近偶尔走得很慢，你能帮我修一下吗？"

"怀表？挺少见的啊。"

"只是块普普通通的怀表而已。"

"这个村子里没几个人有怀表这种东西，大概也就钟楼管理员弗里茨先生有吧。话说回来，杰瑞研究员倒是有一样更

稀奇的东西……算了，不跟你多说了，等我有空就帮你修！”

詹姆斯笑着说完，继续修起了缰绳。

417 ↰81

“名侦探先生，干得不错。你猜得没错，我就是怪盗八十八面相。”

“你已经穷途末路了，乖乖束手就擒吧！”

“穷途末路？笑话，你居然觉得你能抓住我？”

“这间房间连窗户都没有，你还能往哪里逃？别做梦了！”

“走着瞧。你找到狼人了吗？昨晚和你的那场冒险真是太刺激了。”

“我还没掌握狼人的真实身份，但我一定会把它揪出来！”

“不能对那样的怪物掉以轻心，”怪盗突然严肃起来，“你放心，内莫村长还活着。如果你找到关他的地方，只要说出这 7 个字‘翅膀快快张开吧’，门就会打开。”

“你把村长关到哪里了？！”

“用不了多久你就会知道。听好了侦探，我还有一件事情要告诉你——”

怪盗猛然将被子扔向你。

“把‘孔雀’还回去！后会有期！”

眼前一暗，你赶紧掀开被子，可怪盗已经消失了。

“怎么可能？！”

房门在你身后，怪盗不可能越过你从房门出去。你一时愣住了。

静下心来，你听到床下传来微弱的声响。

查看床下的情况 → 前往 82

418

↰297

你离开前台，向“猫之房间”走去，正巧碰到刚从屋里出来、准备锁门的玛丽·库米思。

“啊，玛丽小姐，你要出门吗？”

“你好，侦探先生。我打算去梅尔格池塘看看。早晨的报纸上不是登了精灵目击者的采访嘛。”

玛丽手里拿着好几本观光指南。

“我真是太喜欢这个村子了！大家都很善良，村里还有气派的钟楼和景色优美的山丘！只不过……”

玛丽的脸上浮现出一丝阴霾。

“最近的恐怖事件实在令人担忧。侦探先生，要是有什么我能做到的事，请务必跟我说，我会帮你的！”

向玛丽借阅观光指南 → 前往 56

和玛丽闲聊 → 前往 425

419 ↰245

停机库的角落里堆满了杰瑞研究员的实验器材和巨大的线圈等杂物。乌佐扑翼机果然不见了，原先停放扑翼机的地方现在空空如也。

你发现一顶帽子掉在停机库大门的阴影里，那是一顶帽檐很宽的礼帽。

“这是怪盗的帽子，果然是他偷走了乌佐扑翼机！”

420 ↰47

“那本《珠宝与古董》上面写着……”

然而，无论如何努力，你都没有回忆起任何有用的线索。

“图书馆里真的有这本书吗？”

狼人一边发出令人毛骨悚然的咆哮声，一边向你袭来。

游戏结束。

421 ↰102

往生室的门依然锁着。你试着将密码锁上的旋钮转到和昨天相同的位置，但锁并没有打开，看来密码被更换了。

422 ↰274

“凯列小姐，你经常来做礼拜吗？”

“嗯，刚刚帕特菲也在。”

“你说的是珠宝商帕特菲·金？”

你完全无法想象，性格孤僻、为人冷漠的帕特菲居然会来教堂里祈祷。

“你别看他平时那样，其实他是一个相当虔诚的人，对神话传说也很了解，还给我讲了神明和巨人的故事呢。帕特菲十分擅长讲故事，我很喜欢听他讲故事。”

“这可真令人意外。”

423 ⮥215

《花语辞典》收录了许多花的花语。

“要查看哪种花的花语呢？”

太阳花 → 前往 328

玫瑰 → 前往 237

花毛茛 → 前往 383

调查线索 X → 前往 “423 + 线索 X 的编号”

424 ⮥285

“您好，我是一名侦探，正在对昨天的杀人案进行调查。”

弗里茨没有任何回应。

“据说，您在这座钟楼里工作了 40 多年，是真的吗？”

“有什么问题吗？”

弗里茨微微皱起眉头。

“请问您是从多大年纪开始干这份工作的？”

“从 17 岁就开始了。”

“原来从那么早开始，您就日夜无休地守护这座村庄了，真了不起。”

“有人被杀害了？”

也不知有没有在听你说话，弗里茨一边看今天早上的报纸一边自言自语。

“你要是还算个侦探，就别到处瞎转悠，赶紧把案子给破了吧。”

425 ↰ 418

“玛丽小姐，你每天都出门观光吗？”

“嗯，去各种各样的地方很开心！不过我看 2 楼的那个男人总是一脸严肃，不知道他是不是觉得这个村子很无聊。”

426 ↰ 300

一推开店门，旅店的老板娘玛尔戈·佩里立刻就注意到了你。

玛尔戈是个很能干的女人，凭一己之力经营着这家旅店。她原本在看账本，手里还拨着算盘，但看到你之后，她立即笑脸相迎。

“欢迎光临。请问就您一位入住吗？”

“中午好。我是一名侦探……”

“哎呀，您是来调查那件事的吗？”

“是的，我想跟你了解一些情况。案发现场所在的那条小巷平时有人路过吗？”

“很少有人会去那条小巷。我也就每周去丢两次垃圾。听说考古学家的尸体是晚上 11 点左右被发现的，但没人知道他是几点被杀害的。我明明一直都待在旅店里，却没有听到任何奇怪的动静。”

请老板娘出示旅客登记簿 → 前往 145

427 ↰ 293

“站住！”

你冲着黑影大喊，并以迅雷不及掩耳之势向他冲了过去。没想到，你还是失手了。

“跑到哪儿去了？！”

黑影已经消失在黑暗之中，无论你怎么找，都没能找到他的踪迹。

“糟糕！‘孔雀’……”

你连忙赶回帐篷里。然而，那里只剩一个锁被撬开、空空如也的保险箱了。

再也没人愿意帮助无法守护村里宝物的侦探，这个案件就这样成了未解之谜……

游戏结束。

428 ⮤423

你翻到《花语辞典》的第 26 页，查看了木瓜花的花语。

“木瓜花的花语是‘精灵的光’。说到精灵，今天早晨的报纸上有对精灵目击者的采访。”

【请在线索 Y 处填入“精灵的光”，并在线索 Y 的编号处填入“26”。】

429 ⮤259

“看招！”

先下手为强，你奋力将小刀朝狼人扔去。狼人闪身躲过，却因为楼顶过于狭窄而身形一滞。说时迟那时快，怪盗八十八面相气势汹汹地冲了过来，用身体狠狠地撞击狼人，狼人从楼顶直直朝地面栽了下去。

没想到，狼人一个翻身落到附近村民家的屋顶上，然后冲进树林，消失了。

紧绷的神经松弛下来，你一时愣在原地。怪盗爬上钟顶，把吊在那里的弗里茨抱了下来，冲你大喊：“你在干什么?! 快去叫人啊！”

你一下回过神来，急忙跑下钟楼，奔向最近的医院。

当你带着医生回到钟楼时，怪盗早已无影无踪，只有弗里茨倒在地上。

你和医生一起将弗里茨送往医院，然而他再也没有醒来。

旧报纸

收到指示前不要翻开！

乌克梅尔日报

No. 9,101

1866 年 6 月 **25** 日　星期一　定价：**3** 拉兹

日出　2:50
日落　19:40
月相

今日天气

达拉尼钟楼出现故障

钟楼管理员喜得贵子

昨天傍晚 7 点，达拉尼钟楼的钟暂停走动。

傍晚 6:34，得知妻子临产，钟楼管理员弗里茨先生匆忙赶去乌克梅尔医院。弗里茨先生到达医院后不久，他的妻子就平安生下一个男孩。只是因弗里茨先生离开前正好在调整钟楼的齿轮，所以他离开后，钟便停止走动了。

达拉尼钟楼是乌克梅尔村的象征，这是历史上首次出现钟停止走动的情况。不过事出有因，没有人责备弗里茨先生。

在接受本报采访时，弗里茨先生抱着刚出生的孩子，满脸笑容地对记者说："我和妻子是在尼约德桥附近相遇的，所以我们想给孩子起一个和这座桥有关的名字。"

弗里茨夫妇喜得贵子

内莫 · 格拉帕成为村长候选人

适逢村长换届，革新派的内莫·格拉帕先生成为村长候选人。内莫先生提出了以下三项政策。

1. 调整马车的运行路线。
2. 图书馆向公众开放。
3. 成立青年团。

内莫先生毕业于奥尔维亚大学，毕业之后回到乌克梅尔村，在钟楼工作了五年。之后，他积极参与村里各方面事务的管理，深得村民信赖。他为本次选举做了充分的准备。

第四届选美大赛冠军 玛尔戈 · 佩里

在此前举办的第四届选美大赛中，玛尔戈 · 佩里夺冠，成为迄今为止最年轻的获奖者。当被问及她的梦想时，玛尔戈小姐害羞地回答："我想遇到一位优秀的男士，和他共同经营一家小旅店。"

科尼亚克在赛马中一举夺魁

昨天，来自乌克梅尔村的二等兵托马斯 · 科尼亚克在赛马中一举夺魁，赢得大奖"万马券"，他也因此一夜之间成为百万富翁。本报对他进行采访时，托马斯先生表示："我真的很高兴！这笔钱我想捐给乌克梅尔村。"

你的问题我来答

Q：我家附近的桥是谁建造的呢？（帕特菲，7 岁）

A：帕特菲小朋友没有在信里写明家在哪里，不过乌克梅尔村一共有四座桥，罗菲桥由塔拉 · 罗菲建造，尼兹霍格桥的建造者是斯诺 · 尼兹霍格，尼约德桥由埃德加 · 尼约德建造。乌克梅尔桥太古老了，具体是谁造的我们并不清楚。

让《乌克梅尔日报》来解答你的疑问！

著作权合同登记号　图字：01-2022-2601

图书在版编目（CIP）数据

逃出狼人村 / 日本斯凯普公司，(日) 鹿野康二著；夏冬莹译. — 北京：北京科学技术出版社，2022.9（2025.8 重印）

ISBN 978-7-5714-2327-8

Ⅰ. ①逃… Ⅱ. ①日… ②鹿… ③夏… Ⅲ. ①智力游戏 Ⅳ. ① G898.2

中国版本图书馆 CIP 数据核字 (2022) 第 087460 号

策划编辑： 尚思婕
责任编辑： 代　艳
责任校对： 贾　荣
封面设计： 彭沛岳
责任印制： 吕　越
出 版 人： 曾庆宇
出版发行： 北京科学技术出版社
社　　址： 北京西直门南大街 16 号
邮政编码： 100035
ISBN 978-7-5714-2327-8

电　　话： 0086-10-66135495（总编室）
0086-10-66113227（发行部）
网　　址： www.bkydw.cn
印　　刷： 天津联城印刷有限公司
开　　本： 880 mm × 1230 mm　1/32
字　　数： 197 千字
印　　张： 8.5
版　　次： 2022 年 9 月第 1 版
印　　次： 2025 年 8 月第 2 次印刷

定　　价： 89.00 元

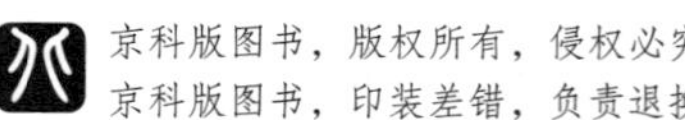

逃出狼人村

逃出狼人村

谜底解析

19

提示：使书签正面的女巫和画中的女巫重合，观察透明气泡中显露的字符。

谜底：wink × 03，其中包含数字 03，应前往第 03 节。

36

提示：“莫要听信撒旦（Satan）”指的是去掉怪盗留言中的“Satan”，即去掉 s、a、t、n 这 4 个字母。“后退三步”指的是去掉留言中所有的 s、a、t、n 后，将剩下的字母按字母顺序倒推 3 个字母，如 e 在英文字母表中排第五，倒推 3 个字母即为 b。解码时，可参考下面的字母对照表。

字母	A	B	C	D	E	F	G	H	I
倒推 3 个	X	Y	Z	A	B	C	D	E	F
字母	J	K	L	M	N	O	P	Q	R
倒推 3 个	G	H	I	J	K	L	M	N	O
字母	S	T	U	V	W	X	Y	Z	
倒推 3 个	P	Q	R	S	T	U	V	W	

谜底：twenty-three，bell tower，即“23 点，钟楼”，应前往第 23 节。

72

提示：根据怪盗留下的信息“一半在阴影之中”，分别遮住图形的一半（如下图所示）。

谜底：21，应前往第 21 节。

86

提示：将书签翻转过来，使书签背面的女巫和画中的女巫重合，观察透明气泡中显露出的文字和数字。

谜底：相同的星座 10，其中的数字是 10，应前往第 10 节。

96

提示：从 F 处的箭头出发，沿着箭头指示的方向，可以

得到单词“FALSE”（意思是“假的”）；同理，从 B 处的箭头出发，可以得到单词“BEARD”（意思是“胡子”）。将这两个单词填入图案下方的小方格中，可以发现♠对应字母 E，谜底为♠♠，即两个倒过来的字母 E。

谜底：两个倒过来的字母 E 可以视作 33，应前往第 33 节。

99

提示：将实线延长，然后对照 5 月 13 日的报纸的私信栏，找出与私信栏中的图形形状相同的图形，然后将图形框出的文字按顺序组合在一起，就能解密。

图	时	计	广	场	的	丘	猫	7
到	4	宿	村	墓	马	池	车	馆
6	8	地	之	鹰	书	与	花	站
星	空	花	9	塔	2	楼	梅	尔
馆	1	教	桥	口	堂	门	钟	格
公	园	的	晚	莉	莉	上	长	见
分	安	祖	修	森	时	达	川	半
7	8	店	咖	啡	鞋	角	粉	0
家	月	色	3	会	狗	停	5	云

谜底：晚上月之丘见 → 13，应前往第 13 节。

106

提示：按照给出的表格，将碎片拼成完整的时刻表。

上行		下行	
6	00	6	30
7	30	7	45
8	20	8	45
9	30（45）	10	00
10	10	11	00
12	00	12	30
13	20	14	00
14	30	15	20
16	00	16	30
17	00	17	30
18	00	18	45（30）
19	30	20	00
20	30	21	00

谜底：如表格所示，α 代表 30，β 代表 45，则 $\alpha+\beta=30+45=75$，应前往第 75 节。

129

提示：根据重要信息栏 7 的提示，给带有“·”的图形涂上颜色（如下页图中所示）。

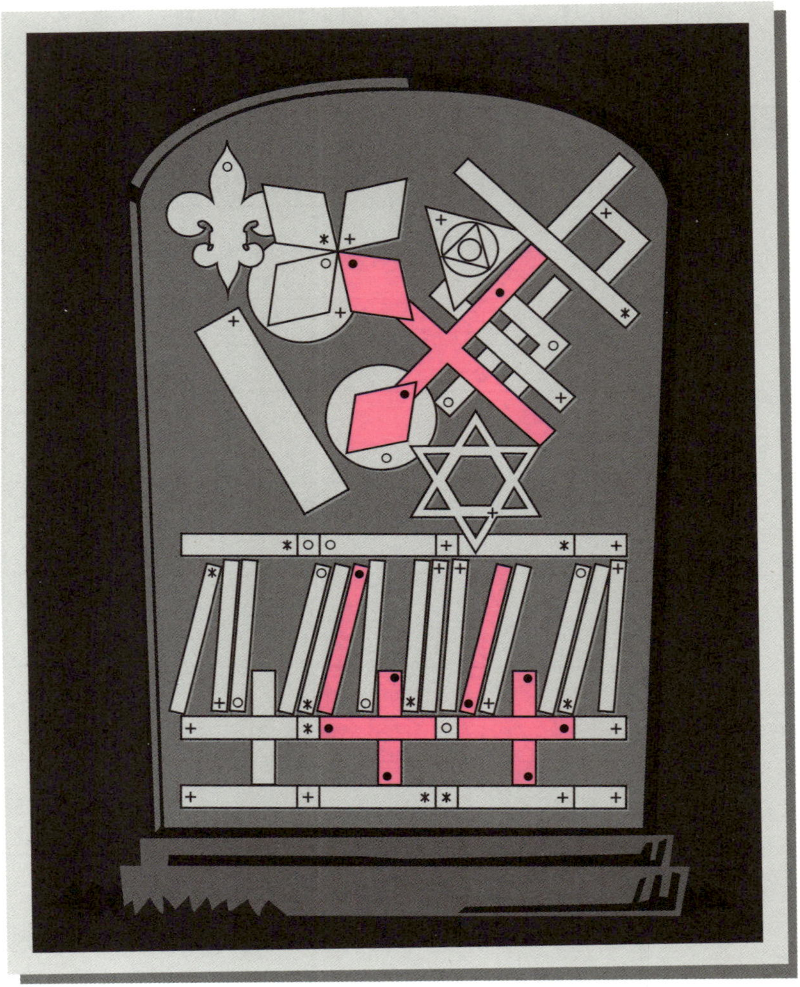

谜底：照片中出现了数字“44”，应前往第 44 节。

149

提示：根据纸条上的提示——“两两成对的，通通抹掉”，

将重复出现的汉字和数字划掉。

谜底：有一个 50 岁左右的军人，在村子里制造新型武器。应前往第 50 节。

173

提示：第 92 页和第 94 页左上角都有小鸟图案。用大拇指和食指捏住小鸟图案，使两页重叠，你可以在第 92 页看到由汉字部件拼成的完整的汉字。

谜底：“拍四次手”，其中包含数字 4，应前往第 04 节。

186

提示：第 101、103 和 105 页的右侧都有玻璃碎片，将它们拼起来，你就能看到一个高脚杯和数字 358。

谜底：358，应前往第 358 节。

189

提示：第 104 页下方的图形可以放入上方的方框内。根据重要信息栏 26 和 27 的提示（重要信息栏 26：“巨人的眼睛自上而下轮流睁开”；重要信息栏 27：“月牙正下方的眼睛没有眼珠），使没有眼珠的眼睛位于月牙正下方，并调整其他图形的位置，然后按照从上到下的顺序，不难看出眼睛对应的字可以组成一句话。

来	返	☾	答	前	P
3	回	往	跳	↓	┘
├	编	翻	2	编	5
→	┬	8	号	┌	1
7	┤	／	┆	案	0
6	4	←	＼	┼	9

谜底：前往编号 06，应前往第 06 节。

192

提示：返回往生室和神父搭话，神父会告诉你：先去看宗教画、再去墓地，最后和教徒们聊聊。按照这个顺序阅读，你会发现每小节中都包含一个数字，将它们按顺序组合即可得到开锁密码。

谜底：336，应前往第 336 节。

213

提示：如图所示，从起点出发后先直走，看到公园后右转，在下一个丁字路口再右转。接下来沿着路一直往前走，只能在丁字路口转弯，在十字路口不能转弯。只有下图所示的路线能够正好经过 3 座桥，将路线上的数字加起来即可。

谜底：28，应前往第 28 节。

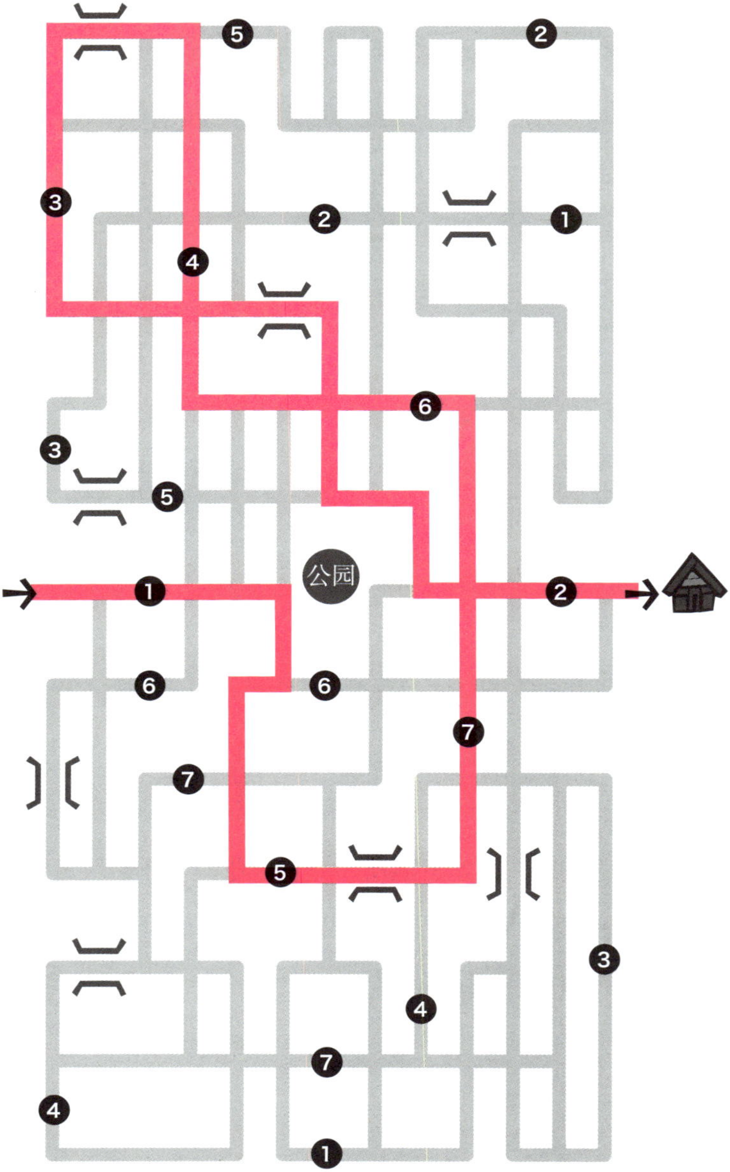

240

提示：报纸上每天都有日出时间，5 月 15 日的日出时间为 4：00，则可以推算出星盘上的符号♋代表 4。由于每两个符号的间隔为一小时，由此可以推算出符号♑代表 10，对应月亮升到最高处的时间即为晚上 10：00，换算成 24 小时制为 22：00。

谜底：22：00，应前往第 22 节。

249

提示：根据重要信息栏 8 中的信息，将本书第 138 页被打乱顺序的书按顺序放好，书脊上的图案就能拼成数字。

谜底：238，应前往第 238 节。

296

提示：参照重要信息栏 20“花是启程的信号，前方是下降的坡道。请迈开脚步，一路向前，走到尽头，转身向下，你将看到来时的路”，如下图所示，从“花”字开始斜着向下，可以读到“花的真意揭晓之时”，从“时”字开始再次斜着向下，可以读到“风指引你至神殿”。

一四八一年　八月二十四日

盛开的花朵终有凋谢之时，辉煌的宫殿亦有倒塌之日。

在漆黑的深夜，吊桥悄然断裂，邪神随之诞生。

宣告真相的钟声中，人迹罕至的角落里，

知道宝石意义之人，将给予你指引。

命运的揭幕仪式上，引路星熠熠生辉。

觉醒吧，知晓未来的指引者的后代。

不要让无辜之人风中恸哭，

预言浮现的时候，一切都将结束。

谜底：在古书中标出这两句话，再将两端延长，可以看出“一八”，应前往第 18 节。

308

提示：参照重要信息栏 14，能结出好吃的果实的越橘有 10 株，好吃的越橘果实有 15 颗，因此沿途应经过 10 株越橘，

且它们的果实一共有 15 颗。路线图如下所示：

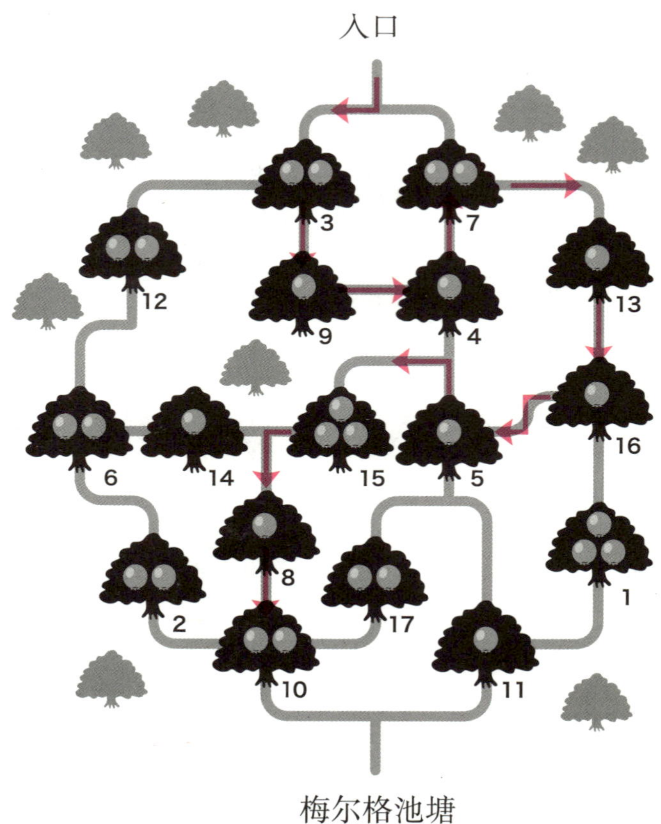

谜底：路过的越橘下方的数字加起来等于 90，应前往第 90 节。

321

提示：参照重要信息栏 5（齿轮沿着纳玛山转动），用

捡到的硬币贴着山脊的轮廓移动，透过硬币上的小孔可以看到文字和数字。

谜底：当月亮升到最高处时，鸟将落在山丘之上 29，应前往第 29 节。

384

提示：根据重要信息栏 9 的提示折叠墓碑位置图。先对折图纸，使左上角和右上角的两棵树重合，对折后你会看到图的左上角和右上角新出现了两棵树，此时再向左折叠图纸，使新出现的两棵树重合，图纸上便会出现唯一的数字。

谜底：14，应前往第 14 节。

386

提示：参照重要信息栏 24“神殿墙壁的颜色从左到右依次是蓝、黄、红、绿、棕”，将不同颜色的报纸按照这个顺序排列，然后依次读出报纸头条新闻标题中上方有女巫符号的文字，可以看到一句话。

谜底：梅尔格池塘与月之丘中间，将地图上梅尔格池塘和月之丘的地点编号相加再除以 2，得到数字 185，应前往第 185 节。

388

提示：

姓名	职业	右手中指戴戒指	穿 27 码的鞋	有胡子
安娜 · 卡尔巴多斯	咖啡馆服务员			
凯列 · 鲁姆	花店店员			
埃德加 · 罗斯	旅行家			√
埃尔希 · 拉基亚	图书管理员	√		
费利克斯 · 科恩	厨师	√		
弗里茨 · 基尔希	钟楼管理员	√		√
詹姆斯 · 梅斯卡	修理工			
杰瑞 · 乌佐	研究员	√	√	
玛尔戈 · 佩里	旅店老板娘			
玛丽 · 库米思	杂技演员	√		
米歇尔 · 皮斯科	鞋店店员	√		
内莫 · 格拉帕	村长	√	√	√
帕斯卡 · 阿尔马尼	马车夫	√	√	
帕特菲 · 金	珠宝商	√	√	
波利娜 · 阿拉克	无业			
托马斯 · 科尼亚克	商人			√

谜底：只有村长符合这三项特征，因此怪盗假扮成了村长。"√"加起来一共有 17 个，64+17=81，应前往第 81 节。

407

提示：取下书的护封，从封底找到数字和形状都相同的

两个苹果。

谜底：53，应前往第53节。

411

提示：女巫的谜题共有8个字符，需要在每个数字对应的小节找到第一个字，按顺序组合起来。

谜底：狼人名中有大写K。

真相揭晓

※ 请注意：如果你还没有确定凶手是谁，请不要往后翻！

夕阳西下，乌克梅尔村被夜幕笼罩。

已经掌握了事件真相的你，让剩下的 12 名嫌疑人在教堂的礼拜堂集合。

费利克斯和玛尔戈站在宗教画前，讨论着料理。玛丽坐在后面的桌子上晃悠着双腿，埃德加靠在窗边闭目养神。凯列似乎有点儿害怕，紧握着项链上的吊坠。米歇尔依旧一脸无聊地托着腮帮子。

珠宝商帕特菲一边抱怨一边往礼拜堂里走。他瞪了你一眼，然后一屁股坐在长椅上。

米歇尔又打了个哈欠，说："侦探先生，大家都到齐了吧？这个时间叫我们来做什么？好困啊。"

"辛苦你了，米歇尔。那么，让我们开始吧。"

你冲米歇尔笑了一下，目光扫过每个人的脸，解释起来。

"打扰大家休息了。在座各位都是哈里 · 卡沙萨先生列出的狼人嫌疑人。我受卡沙萨先生委托来到这个村子，为的就是找出狼人。"

"你是说，狼人就在我们 12 个人当中吗？"帕斯卡惊讶地问。

"是的。过去 5 天里，我已经调查了整个村子。"

在座的人一边观察其他人的表情，一边默默地听你说话。

"你找到了吗？谁是狼人？"

"你确定吗？"

人们七嘴八舌地问起来，就连困倦的米歇尔也睁大了眼睛。

“是的，请大家耐心听我说。我要出示的第一个证据，是杰瑞研究员留下的这块手表。”

你从怀里拿出坏了的手表。为了让大家都看到，你一边慢慢地在长椅之间走着，一边继续说。

“因为杰瑞研究员遭到狼人袭击，手表坏了，指针停在了21点02分。我调查了5月14日这个时间乘坐马车的人，他们是——”

你停下脚步。

“费利克斯先生和玛尔戈小姐。这样一来，他们就有了不在场证明。”

费利克斯松了一口气：“我还在想，我要是被怀疑了该怎么办呢……”

“我肯定不可能是狼人啊！”虽然这么说，玛尔戈还是抚摸着胸口，试图平复心情。

“需要说明的是，出于某些原因，钟楼显示的时间比平时慢了30分钟。因此，我实际上调查的是当天20点30分乘坐马车的人。”你向大家出示了乘客名单。

“接下来是第二个证据。虽然我没有告诉大家，但安娜和凯列一直在帮我调查。她们两人拥有特殊能力，每天晚上都

会从村民中选一个人进行占卜。但是……”

你竖起食指，再次在长椅间来回踱步。

“安娜和凯列，其中一人给出的占卜结果是错误的。”

“错误的？也就是说，其中一个不是真正的女巫后代？”

埃尔希用不可思议的眼神看着你。

“是的，其中一人并不是女巫的后代，而是狂人的后代。那么，究竟谁是真的，谁是假的呢？我直到今天才知道。”

你看了看安娜。

“安娜，你不是真正的女巫后代。谢谢你帮我占卜，但是很遗憾，你的占卜结果是错误的。”

“你的依据是什么？”安娜不悦地绷着脸问。

“安娜是处女座的，凯列是摩羯座的，对吧？”

“是的。”凯列点头

“所以呢？”安娜问。

“我从餐厅里挂的画得知，女巫世世代代都是同一个星座的。而在女巫的墓碑上可以看到女巫的出生日期，不难判断，女巫是摩羯座的。”

安娜大吃一惊。

“也就是说，摩羯座的凯列是真正的女巫。根据凯列的占卜结果，米歇尔、帕斯卡、科尼亚克和玛丽是人类。”

“但是请大家不要责怪安娜。安娜是因我才得知了自己的狂人身份，那是侦破案件所必需的。除了占卜结果以外，安

娜说的都是实话。”

安娜哭了起来。旁边的玛尔戈温柔地拍着安娜的后背。

“在这座不可思议的村庄里，谁都无法违抗命运，无论是女巫、狂人还是狼人。觉醒了狂人血脉的安娜，是在毫不知情的情况下说了谎。”你解释道。

“安娜，别哭了。谁都不会责怪你的！”

玛尔戈不断安慰安娜。

“这样一来，有可能是狼人的就是帕特菲、埃德加、内莫村长和埃尔希。”

被证明了清白的人们胆怯地看了看这 4 个嫌疑人。

“最后的证据是传说中的女巫留下的石板。解开石板上的谜题后，我得知狼人的名字里有大写 K。”

“我的名字里没有！”埃尔希说。

“但是，这 4 个人当中，谁的名字里也没有大写 K 吧？”

“哼！原本这 12 个人中，符合条件的只有玛丽和费利克斯吧？而你自己刚刚才证明，这两个人是清白的！”帕特菲冷笑一声说。

“不，还有一个人。直到昨天，那个人都不知道自己真正的姓名。”

你指向靠在窗边闭着眼睛的青年。

“埃德加・罗斯——不，埃德加・基尔希！狼人就是你！”

“埃德加！”

帕特菲吓得一激灵。人们都惊讶地看着埃德加。

“居然被你发现了？比我想象的还要快。”

埃德加慢慢睁开双眼，他的眼睛已经变成血红色。离他最近的帕斯卡吓得连忙后退，差点儿摔倒在地。凯列和安娜也尖叫了起来。

那双眼睛是你无数次看到的血红的眼睛，毫无疑问，是狼人的眼睛！

“请告诉我，埃德加先生，你为什么会变成狼人？”

“我小时候被一个名叫迈克尔·普逵的人绑架了，他把我培养成一个没有感情的杀人工具。之后，我遇到了杰瑞研究员，他说他可以帮助我得到无人能敌的力量。”

埃德加目露凶光，慢慢地走向你。

“我成功觉醒了狼人血脉。我花了 3 个月左右的时间适应。我在邻村进行训练时，收到了杰瑞研究员的信，他说他想让我回到乌克梅尔村。他想利用我，但聪明反被聪明误，我反过来杀了他。”

“当我告诉你弗里茨是你父亲时，你的悲伤是演出来的吗？”

“哈哈哈哈！我是个好演员吧？”

“那你为什么一直带着你母亲留给你的手帕呢？”

“你在教育我吗，侦探先生？”

埃德加露出了无所畏惧的笑容。

“难道你以为你们人多，就能抓住我吗？”

埃德加的关节发出咯咯声，他的身体开始变形。

“那你就小看我了。”

他的肌肉渐渐鼓起来，下半张脸变得像狼一样，嘴里伸出了锋利的獠牙。

只剩下一半人类特征的埃德加忽然以惊人的速度向安娜扑过去。你来不及制止，安娜闭上眼睛，尖叫了起来。

想象中的痛楚并没有到来，安娜睁开眼睛，只见帕斯卡缓缓倒在地上。是帕斯卡保护了安娜，替她挡住了狼人的一击。

“呜呜呜……”安娜放声大哭。

“你没事就好。”帕斯卡虚弱地说。

“真是感人呢。”埃德加冷笑了一声，再次举起锋利的爪子。

忽然，礼拜堂响起一声枪声。

一颗子弹从后背贯穿了埃德加的身体。埃德加似乎没有反应过来，他惊讶地看了一眼胸口的伤口，然后缓缓回过头去。

“‘猫之房间’的女人……你……”

开枪的是玛丽。

埃德加缓缓倒在了地上。

“我要死了吗？原来死亡就是这种感觉啊……”

埃德加喃喃自语，脸上浮现出悲伤、遗憾却又带着几分释然的表情。

“如果我没有……”

他似乎想继续说下去，但是后半句话再也没能说出口。他倒在地上的身体渐渐变回人类的模样。

“我也是没办法……”玛丽的声音有一些颤抖。

“怎么回事？”玛尔戈叫了起来，“玛丽，那枪是……”

“那是杰瑞研究员的枪，我偷偷拿走了，本想以防万一……”

玛丽软软地瘫坐在地，枪从她颤抖的手中滑落。

第二天一大早，一群工匠出现在悬崖的另一边。大概是先逃出村子的怪盗通知他们来的吧。

多亏了他们，几天之后，乌克梅尔桥终于修好了。你也该离开村子了，村民们纷纷来与你告别。

“真的要回去吗？我和你都是见过精灵的人，有点儿舍不得你呢。”

“什么时候再过来玩吧！”

“下次来的时候，我会驾着马车去接你！”

“没想到还是被你抢了功劳。有缘再见吧！”

“侦探先生，下次来，我请你吃甜点！”

“有兴趣的话，我可以教你观星。”

“来我店里，土豆饼随便吃。多亏了你，我们才能得救。”

“虽然村子里有几个人遇害了，但是其他人都活了下来。如果没有你，乌克梅尔村早就不复存在了。我代表村子向你表达诚挚的谢意。”

内莫村长亲切地握着你的手。

与村民告别后，你走过刚刚修好的乌克梅尔桥。回头看，村民们还在一边挥手，一边喊着感谢的话。

你抬头看向天空，一只巨大的鸟儿正在空中盘旋。

你再次挥挥手，告别了这座美丽的村庄。